PLANNING POLICIES OF
AFFORDABLE HOUSING

保障性住房
制度设计

宋明星　黄祺媛　著

中国建筑工业出版社

图书在版编目（CIP）数据

保障性住房制度设计 = PLANNING POLICIES OF AFFORDABLE HOUSING / 宋明星，黄祺媛著．—北京：中国建筑工业出版社，2019.12
ISBN 978-7-112-24889-6

Ⅰ.①保… Ⅱ.①宋… ②黄… Ⅲ.①保障性住房—住房制度—研究 Ⅳ.①F293.31

中国版本图书馆 CIP 数据核字（2020）第 031257 号

责任编辑：郑淮兵
责任校对：赵　菲

保障性住房制度设计
PLANNING POLICIES OF AFFORDABLE HOUSING
宋明星　黄祺媛　著
*
中国建筑工业出版社出版、发行（北京海淀三里河路9号）
各地新华书店、建筑书店经销
逸品书装设计制版
北京建筑工业印刷厂印刷
*
开本：787毫米×960毫米　1/16　印张：16　字数：203千字
2021年7月第一版　2021年7月第一次印刷
定价：58.00元
ISBN 978-7-112-24889-6
（35054）

版权所有　翻印必究
如有印装质量问题，可寄本社图书出版中心退换
（邮政编码100037）

前言

社会保障是维护老百姓切身利益的"托底"机制,是一张维护社会安全的"防护网",对构建和谐社会具有最基本的保证作用,而住房保障制度是中国社会保障制度的重要内容,也是中央政府的工作重心之一。迄今为止,中国的住房制度改革实施已有三十多年历史,其中同步进行了保障性住房制度建设,改革取得了巨大的成就。伴随着快速城镇化进程,保障性住房制度经历了从无到有,从计划到市场的过程。本书主要研究的是保障性住房的制度构建过程及供应体系。

首先,梳理出保障性住房制度在住房制度改革五个阶段中扮演的角色和发展过程,中华人民共和国建立以后,中国的住房保障制度发展大致经历了"单位大院"——全社会保障、住房制度改革摸索、住房制度改革推进、住房制度改革深化和新常态下的住房制度改革,五个阶段。梳理发展历程,能够用更加宏观和全面的视角审视中国住房改革中保障性住房的建设成就,避免陷入一叶障目不见泰山的思维陷阱中,对目前住房保障中出现的一些问题过于夸大,忽视中国在短短三十年时间取得的巨大成就。一方面大力推进住房改革，把住房实物福利分配的方式改变为以按劳分配为主的货币工资分配方式，另一方面大力促进房地产业和相关产业的发展。随着社会生产关系的改变与住房制度不断深入，住房保障的形式和相关制度也在不断调整。

其次，对于许多刚刚接触住房保障制度研究的人员来说，各类保障房的名称眼花缭乱，何为保障对象，什么对象申请哪类保障房似乎总也区分不清。本书对经济适用住房、共有产权房、廉租住房、公共租赁房、棚户区改造、城中村等狭义的保障房种类进行了专项研究，对各供应系统的发展过程、运作模式及特点、申请条件、发展过程中的主要矛盾等四个方面进行了分析。研究方法采用收集国家相关政策、分析政策和类型特征、提出发展中的问题和发展方向的脉络等，客观政策结合主观思考。虽然总体来说，中国住房保障体系仍处于发展期，还存在很多体制上的缺陷，但国家有关部门和地方各级政府为了实现"住有所居"的目标，正不断加大住房保障力度，快速扩大住房保障的覆盖面，积极出台了一系列配套政策，通过建设不同类别的保障房，推出适合不同人群的保障政策，逐步建立了适应当前国家发展阶段的保障性住房体系。

本书同时也选取了香港、新加坡、美国、英国、日本、巴西等地区和国家的保障性住房制度作为研究对象，采用比较分析的方法，阐述了不同地区和国家保障性住房的制度发展历程、制度内容、制度特点三个方面，努力借鉴国外依法促进保障房建设的经验和做法，加强保障房建设的立法工作，从而逐步建立起较为完善的保障性住房体系。选取这些地区和国家是因为，它们有的社会发展阶段与中国有类似之处、有的人口数量和国土面积与中国类似、有的是世界上最早开展保障房体系建设的国家、有的保障房建设成就在国际上获得广泛赞誉，还有的与中国有同源的文化背景和生活习惯。研究得出的启示包括：成立专门的运营管理机构，设计严密的保障性住房运行机制，准确把握市场与政府角色，发展住房公积金制度，注重资金平衡，建立多层次全方位的金融支持体系，提供租用和购买的渠道，完善"体面住房"标准的全面性，提高住房更新计划的公众参与度，解决关键工作者的住房保障问题，制定老龄化保障房政策和设计标准，发展可持续型保障性住房，建立多层次保障房体系和住房金融体系，采取包容性方式消解非正规性住房，采取社会租赁性政策满足"夹心层"住房需求等。笔者的研究结论借鉴了它们的先进做法和理念。

"十一五"期间，中央提出"住有所居"的住房保障目标，大力推进保障性住房建设，据统计，2006—2010年共累计安排保障性安居工程专项补助资金1336亿元，同时，一系列涉及金融、土地方面扶持政策相继出台，为保障性住房建设可持续发展提供源动力；全国1140万户城镇低收入家庭和360万户中等偏下收入家庭住房困难问题已得到解决，城镇保障性住房覆盖率已达到7%～8%，城镇居民人均住房面积超过30m^2，农村居民人均住房面积超过33m^2。"十二五"期间，中国计划新建保障性住房3600万套，城镇保障性住房覆盖率将提高到20%以上，基本解决城镇低收入家庭住房困难问题，同时改善一部分中等偏下收入家庭住房条件，帮助更多困难群众实现"安居梦"。

本书共分4章，其中主要研究内容在第二章到第四章。

第一章"绪论"，从五个方面介绍研究背景，阐明了研究的目的和意义，并对国内外学术界的研究现状进行综述，界定了研究对象和范围、研究的思路和方法并介绍了主要内容。

第二章"保障性住房建设在住房制度改革历程中的发展"主要

梳理了中国住房制度发展的五个阶段主要的政策和事件，以及对每个阶段的政策和背景的解读。

第三章"保障性住房在住房制度改革中的供应体系"通过分类研究的方式，研究了经济适用房、廉租住房、公共租赁房、棚户区改造、城中村改造的发展过程、运作模式和特点、申请条件、主要面临的问题、未来趋势等。

第四章"其他地区和国家保障性住房制度的发展"主要介绍了香港、新加坡、美国、英国、日本、巴西等相关地区和国家保障性住房发展历程、制度介绍、特点，以及与中国大陆国情下保障房建设的对比研究和启示。

笔者作为主要完成人参与了国家自然科学基金资助项目："丘陵地区保障性住房集成化设计与应用研究"，间接参与了由长沙市住房和城乡建设委员会主持的《湖南省长沙市城市住房建设规划（2014—2020）》编制工作，本书的成果便来源于对上述课题的研究。同时，笔者直接参与了长沙市芙蓉区芙蓉生态新城保障性住房小区、长沙市芙蓉区和平村廉租房小区、怀化市洪江保障性住房小区、部分公务员经济适用房小区的设计规划工作。在课题研究、编制规划及设计建设实际项目的工作中，发现保障性住房的类型和特点在基层工作中时有混淆，导致相应的政策和规划编制出现混乱，在出国访学一年的过程中，又了解了一些西方国家住房保障的制度和操作方式，深感非常有必要对中国的保障性住房发展历程进行梳理，同时开展对中国和相关地区、国家的住房保障制度对比研究，这也是写作本书的动因之一。

本书与拙著《保障性住房设计策略》是在笔者的博士论文《基于城市关联性的保障性住房发展历程与设计策略研究》的基础上，加以修改，增添内容，出版成书。本书重点在于介绍中国住房保障体系发展历程和相关地区、国家住房保障制度介绍分析;《保障性住房设计策略》则主要介绍基于城市关联性视角下中国保障性住房体系在宏观和中观层面的设计策略研究,两本书虽侧重点不同,但亦是一个有机整体。

2019 年 10 月 29 日

目 录

1 绪 论

1.1 本书研究的背景 / 002

1.2 研究的目的 / 007

1.3 研究的意义 / 009

1.4 研究对象与范围、概念界定 / 010

1.5 研究视角与思路 / 011

2 保障性住房建设在住房制度改革历程中的发展

2.1 第一阶段：单位大院——全社会保障阶段
（1950—1978 年）/ 014

2.2 第二阶段：住房制度改革摸索阶段
（1978—1994 年）/ 023

2.3 第三阶段：住房制度改革推进阶段
（1994—2002 年）/ 034

2.4 第四阶段：住房制度改革深化阶段
（2002—2007 年）/ 041

2.5 第五阶段：回归保障性住房民生的改革阶段
（2007年至今） / 048

2.6 本章小结 / 068

3 保障性住房在住房制度改革中的供应体系

3.1 经济适用住房 / 070

3.2 共有产权房 / 080

3.3 廉租住房：住房保障建设得到高度重视 / 095

3.4 公共租赁房：以扩大保障范围为目的的公租房的发展 / 105

3.5 棚户区改造：民生工程与城市综合环境提升 / 115

3.6 城中村改造 / 140

3.7 长租公寓 / 145

3.8 本章小结 / 154

4 其他地区和国家保障性住房制度的发展

4.1 其他地区和国家保障性住房建设的发展情况 / 156

4.2 其他地区和国家保障性住房建设与中国国情的比较分析 / 215

4.3 本章小结 / 226

结论与展望 / 229

参考文献 / 233

1 绪论

两千余年前,《汉书·货殖列传》提出:"各安其居而乐其业,甘其食而美其服"的理想社会情境。遍观古今中外,不论哪个社会阶段,都存在收入低微的人群,保障这些人的生存权是"国家"这一拥有治理一个社会的权力的国家机构必须承担的责任,而其中居住权就属于生存权中很重要的一项基础权利[1]。《世界人权宣言》第二十五条第一款规定:"人人有权享有为维持他本人和家属的健康和福利所需要的生活水准,包括食物、衣着、住房、医疗和必要的社会服务。"[2]

中华人民共和国成立后开展的社会主义建设,建立了一种全民住房福利体系,随着改革开放,住房商品属性的回归,中等以上收入阶层逐渐通过自身收入到市场上购买商品房,而中低收入阶层则因房价高企陷入居住条件紧张的境地。中国政府在整个住房体制改革中,针对中低收入阶层的住房问题进行了保障性住房制度建设。30年来,中国处于经济高速发展的历史阶段,保障性住房制度也经历着从无到有,从摸着石头过河到逐步明晰,从计划体制到市场手段的过程。伴随着快速城镇化的发展,保障性住房的制度构建还有待学术界开展研究。

1.1 本书研究的背景

1.1.1 住房制度改革不断推进

中国自1978年邓小平提出住房问题,经过20年的探索和试点,到1998年正式推行房改政策以来,极大改善了居民居住条件和生活环境，取得了巨大的成就：我国城镇居民人均住房面积从 1978 年 6.7m² 提高到 2009 年的 30m²，住房质量明显提高，居住环境不断改善[3]。针对中低收入阶层，启动了以经济适用住房、廉租房、公租房等为代表的保障性住房建设，并逐渐确立与完善了保障性住房制度，在一定程度上缓解了中低收入家庭的住房压力。在住房改革制度上，取得的主要成就有：

1. 多维度保障性住房制度初步形成。尤其是自 1998 年启动大规模经适房建设，2007 年大规模启动廉租房建设以来，政府对保障性住房制度的建设取得了显著成绩[4]。

2. 多部门保障性住房政策体系初步形成。由国务院及各部委出台的上百份通知、办法、规章等形成的政策体系不断推出完善，为构建未来保障房法制打下了良好基础。

3. 多层次保障性住房供给体系初步建立。从经济适用房、廉租房、公租房、共有产权房到棚户区改造，实现了针对不同人群、不同门槛、不同标准的保障房广泛覆盖。

4. 保障性住房制度实施积累了一定经验。据统计，2009—2014 年保障性住房已基本建成 3613 万套。并通过各个地区的相关规则分配到了不同保障群体手中，在准入和退出、信息公开、物业管理等方面积累了经验。

根据政府工作报告，2012 年新开工城镇保障性住房 630 万套，基本建成 470 万套；2013 年新开工保障性安居工程 660 万套，基本建成 540 万套；2014 年间新开工保障性安居工程 740 万套，基本建成 511 万套；2015 年城镇保障性安居工程住房基本建成 772 万套，棚户区住房改造开工 601 万套。保障房建设在"十二五"期间取得重大进展。

在取得巨大成绩的同时，也应该看到中国保障性住房建设任重道远，面临着各种复杂的矛盾与时刻变化的外部环境。例如：地方政府土地利益与保障房的福利性的矛盾、世界周期性的金融危机对中国经济和保障房建设的影响、人口构成的微妙变化与保障对象的不断调整、城市空间的不均衡性与不同阶层对资源占有的不公平性、房地产市场商品性的涨跌对住房保障工作的影响与政策变化等。保障性住房制度建设将伴随着中国住房体制改革的深化，经历一个长期调整的过程。应该看到中国保障房制度建设上还存在一些问题：

1. 缺乏法律层面的支持。由于现实中诸多问题尚存在不确定性，中国幅员辽阔，东中西部经济社会条件差别很大以及外部影响因素较多，呼吁多年的《住房保障法》迟迟无法出台，其草案理论版和实践版仍然在住建部住房保障司论证中。没有法律层面的支持，保障主体、保障对象、保障标准、保障方式、资金来源、信息公开、退出机制、违法惩罚等一系列的问题，就始终缺乏依据，国务院和各地方政府就只能根据短期目标不断调整保障政策，面对一系列不合理和违规行为，却苦于缺少执行依据，只能默认。同时政府的行政手段，有时也会因缺少法律框架的制约而存在随意扩大或不作为的情形[5]。而美国、日本等国家，针对住房保障制度，都颁布了数十部法律，逐步完善，因而不会出现大量临时性的政策，保障对象也能根据稳定的规范预期自己的住房目标和成本。

2. 保障对象不清晰，分配过程中存在不公平现象，覆盖面有限。在实际操作层面，由于各个城市设定的准入标准各不相同，在不同历史时期保障对象含混不清，使得某些中高收入阶层也混入了住房保障体系，这就严重损害了保障房制度建立初衷的公平性，变相剥夺了中低收入家庭获得宝贵的保障性住房资源的权利，造成了社会不公平。早期还出现过地方政府向一些非中低收入者廉价定向分配保障住房（超标准公务员小区、权力部门的单位集资房），导致原本应是公益性的保障住房蜕变成福利分房[6]。廉租房保障对象为最低收入群体，覆盖面较小；公租房覆盖面增大，但仍有大量的需要被保障群体无法取得保障资格；经济适用房面向中低收入家庭，但有大量经济适用住房与廉租住房之间的"夹心层"存在[7]。

3. 保障长期目标与短期任务不清晰。房改启动初期将中低收入家庭确定为住房保障群体，按照中国统计局曾经的七分法，以及新执行的五等分法，中国保障性住房体系应该将40%的城镇居民纳入，这是保障房长期目标。但在执行过程中，并未向着长期目标同步推进工作，而是被种种内部和外部的因素影响，出现很多头痛医头脚痛医脚的现象。例如：第一阶段基本以经适房建设为主，在商品房大力发展的阶段忽视了保障房的建设，在金融危机时又以保障房作为扩大内需的手段，当群众的居住矛盾上升到社会和谐层面时才突击性建设上千万套保障房，在国家经济进入新常态时期又考虑以住房保障工作作为去商品房库存的渠道。固然，保障房建设会受到国家经济发展过程中各种矛盾的影响，但各种短期政策和调整仍然应该以实现长期目标为衡量标准，不宜随意模糊保障房与商品房的界限。中国在住房改革过程的某些阶段，没有很好地把房地产政策和保障性住房政策这两个表面类似而实质不同的政策区别开，经常把保障性住房作为调控房地产的手段，混淆了两种性质不同的住房。

1.1.2 社会发展新特点与人口构成的变化

在中国居民传统观念中，只有拥有房屋的产权才算在城里有家，也因此才能考虑结婚生子，安家立业。这种观念在住房保障领域造成了某种偏差，在社会收入分配差距较大的阶段，把住房保障的重点放在提供产权房上，居者有其屋等同于"居者有其产"，这就超越了目前经济发展阶段的现实，会导致低收入群体没有实力购得产权性质的保障房，而用于出租的保障房数量不足。这种观念随着时代的发展也开始出现了新的变化，政府开始更加关注租赁型保障房，这有助于政府手中掌握保底和固定的保障资源，而保障对象也开始逐步接受拥有居住权力与拥有居住产权之间的区别。

中国保障性住房的保障对象通常是划定收入标准和居住面积标准，达到标准即拥有保障资格，可以申请货币补贴或实物补贴。各地的准入标准虽然不完全一样，但大多按此执行。随着时代发展，城市里居住的人口结构也开始发生新的变化。早期住房保障对象大多是城镇自身收入较低和住房极其困难的家庭，他们要么单位效益不好、要么家庭有病患困难。但在中国经济转型过程中，不仅低收入家庭群体的构成情况日益复杂多样，他们的规模也在不断扩大，为住房保障研究带来了新的问题。

在中国，通常意义上的住房保障制度保障的人群主要是拥有户籍的城镇居民。但随着社会经济的发展，城镇人口构成有了新的变化，人的行为方式也随着技术和交通手段的进步而发生着潜移默化的变化。例如大城市中外来务工人员比例逐渐提升，在某些沿海发达城市甚至外来人口超过了本地人口数量。这就给城镇住房保障体系提出了新的问题，这些不具备城镇户籍的外来人口是否应该被纳入保障体系？这些人群大部分具有流动性，但一年中大部分时间在城市中打工谋生，符合保障对象长期居住在城镇中的前提条件，他们是城市建设者，却无法得到相应的居住保障而有失公平。如将其纳入保障体系，如何理顺购买与出租的关系，如何设定准入标准，如何突破户籍这一身份限定进而能提供子女就读、医疗等市民化福利，这一系列问题都值得研究[8]。

新就业的大学生，从经济收入和居住面积两个指标衡量，通常在就业的前几年都不高，曾经的天之骄子也进入了住房保障对象的范围[9]。这也对住房保障体系提出了新问题。新就业大学生是城市发展的基础，人才是城市转型发展的内核，也是城市未来竞争力的需要。新就业大学生的生活方式、对居住的功能需求、未来的就业发展轨道都与城市低保户和外来务工人员不完全相同，怎样从制度层面将他们涵盖进来，制定出相应的住房保障制度也逐渐成为许多大中城市考虑的问题。国内有些城市如深圳和杭州，就制定了针对新就业大学生专门的住房补贴，受到了广泛好评。

中国人口老龄化已是不争的事实，2015年末，我国60周岁及以上人口数为2.22亿人，占全国人口的16.1%，居住在城市中的老龄人口不在少数，从制度层面恐怕不能简单地以收入和居住面积来衡量老龄人口，而应该加强对他们的人文关怀和制度配套建设，使得老有所居、老有所养[10]。

1.2 研究的目的

为什么住房保障问题在全世界各个国家都是需要研究的问题？为什么不能由一个文件解决中国住房保障的各种问题？为什么我们不能直接借鉴发达国家的住房制度模式？政府在住房保障体系中应当承担什么样的责任？政府行政之手与市场经济自由之手在住房保障体系中起到的作用各是什么？这些问题似乎在全球范围内也并没有明确和唯一的答案，或者说中国住房制度改革以来在住房保障领域近30年的实践，也一直在尝试找到这些复杂问题的答案。

研究中国的城镇住房制度改革的历程，从依靠单位分配住房的全民保障阶段，到住房高度商品化的市场行为，会发现在每个阶段中住房制度面临着不同的矛盾，而保障性住房建设也随着这些矛盾在或快或慢的发展前行着。提供符合人性的良好的居住环境既是社会平安的基础，也是人的安全、健康和尊严的基础。从历年来中央和住建部的规划、通知、任务中可以看出来，中国政府在房改过程中，在解决低收入居民的住房保障问题方面始终占据了一席之地，在1998年房改启动之初，就设定了中低收入阶层依靠经适房、最低收入者依靠廉租住房的大方向，即使在商品房市场发展最快速的2003—2007年间，仍然制定出台了一系列关于廉租住房的制度意见。

然而，由于保障房建设这一民生工作，不能给地方GDP带来多大贡献，在2003—2007年间，中央政府的部署在地方执行层面陷入了某种尴尬境地，同时又由于房地产业迅速发展形成的利益集团，从某种意义上也对整个决策机制产生了一定影响，客观上形成了重市场、轻保障的结果。多年来形成的以GDP考核地方政府的政绩观，使得地方对保障性住房建设长期缺乏动力，满足于完成中央政府的行政任务。

从2007年开始，房地产宏观调控要求大量建设保障房，这时从中央到地方都出现了很明显的理论研究滞后，基础研究不够扎实的问题。例如：保障对象经常调整，保障资金来源不确定，保障标准时高时低，城市保障房选址广被诟病等。

有鉴于此，本书研究的目的在于：在中国住房制度改革经历了近30年的发展，房地产业逐步成熟，政府空前重视针对中低收入阶层的住房保障工作的大背景下，通过查阅调研资料后的分析，将中国住房保障制度发展历程呈现在读者面前，从宏观层面了解中国是怎样一步一个脚印从无到有地逐步建立起住房保障制度。这一制度包含不同类别保障房、保障资格、住房公积金制度等内容，这些内容借鉴了境内外相关地区、国家制度中成功的部分，也分析了在下一步工作中怎样借鉴优秀的做法。

1.3 研究的意义

本书梳理了中国住房体制自中华人民共和国成立后各个发展阶段的特点，尤其是改革开放后，住房体制改革各个阶段中保障性住房体系的发展历程。在关于中国住房体制和保障性住房领域的研究中，大多数都有发展历程的回顾和简介，但通常只有关于中央下发的文件的回顾和描述，本书比较系统和全面地对中央政府、住建部（原建设部）等部门下发的文件、通知、政策以时间顺序作了盘点，同时通过当时历史阶段所发生的一些重要的事件以及新闻，立体丰富地展示了文件的文字所无法表达的真实的社会场景，记录了中国广大城镇居民从客观住房极其困难的环境发展到商品房市场结合保障房建设的多层次住房体系，以及思想上从"等、靠、要"国家分配全福利保障房到接受房屋具有商品属性的转变历程。

住房保障体系的建设是伴随着中国住房体制改革的过程前进的，而住房体制改革又伴随着中国整体改革开放的历史进程。因此，梳理各个阶段的背景、特点和面临的主要矛盾，才能理解在保障体系中一些很重要的问题为什么迟迟无法以立法的形式界定。例如保障对象、保障标准、资金渠道等关键问题，虽然表面上很容易规定清楚，但在三十余年的实践中却时刻在进行着微调，其中主要原因就在于改革开放本就是一项摸着石头过河的，没有现成经验借鉴的伟大事业，其中的房改以及房改中的保障房建设则更会面临经济、社会、政治、国内、国外等各种复杂的背景，层出不穷的矛盾对政府和广大居民的行为和思想都有巨大影响。为克服这些矛盾，也就只能在特定历史时期采用特定的政策。虽然事后看来有些政策和做法会带来后遗症或不够科学，但只有通过系统梳理每个年代立体的社会图景，把这些问题放到大背景下看待，才能理解保障性住房体系建设非朝夕之功，而是路漫漫其修远的一项长期工作。

本书研究通过大量资料的整理，将保障房发展历程分为五个阶段，在每个阶段中以时间轴为序将政府文件和历史事件作了回顾，同时对每个阶段的背景和文件的主要内容作了解读，初步还原了整个住房体制改革的历程和经济适用房、廉租房、公租房的等保障类型的诞生背景、发展过程、面临的问题和未来趋势，对住房体制改革和住房保障体系研究有一定理论意义。

1.4 研究对象与范围、概念界定

中低收入阶层是统计学中的概念，对于城市居民收入分类的界定有不同方法，在2012年修订的统计年鉴中，将样本人群从低到高分为20%、20%、20%、20%、20%五份，分别代表低收入、中等偏下收入、中等收入、中等偏上收入、高收入五组。在学术界，有的学者将从最低到中等收入户之间60%的人群作为保障对象研究。按照1998年国务院发布的《关于进一步深化城镇住房制度改革加快住房建设的通知》：最低收入家庭由政府或单位提供廉租住房；中低收入家庭购买经济适用住房等普通商品住房；对高收入家庭购买、租赁的商品住房实行市场调节价。对中等收入人群并未有具体归类，结合中国目前的国情和保障房供给能力，本研究住房保障对象的收入范围界定为低收入家庭和中低收入家庭，即不论按照哪个版本的统计年鉴分类，保障性住房保障对象包含40%的城镇居民。

对保障性住房的概念界定则有狭义和广义之分。狭义的保障性住房包含政府定义过的住房保障类型，即经济适用房、廉租住房、公共租赁房、棚改房、危改房、回迁安置房等，其政策与技术涵盖面十分广泛，但这其中有些住房类型的具体含义与保障房之间并不具有一一对应关系。广义的保障性住房则包含为所有中低收入阶层提供的社会福利住房。既包含以上各种类型的保障房，也包含居民领取货币补贴后租住的社会住房，还包含各类有可能作为保障房源的其他住房。可以说为解决中低收入阶层居民的居住问题，由政府直接投资建造并向低收入家庭提供，或政府以一定方式向社会房屋机构提供补助，由这些机构以低于市场平均水平的价格向中低收入家庭出售或出租的住房。本研究的类型界定为广义的保障性住房，即从住房保障的需求和供给出发看待保障住房。

以上两个限定确定了本文的研究对象——保障性住房的范围。从社会保障角度看，保障性住房承担社会保障职能，强调的是保障中低收入家庭的居住权，是一种在住房领域的特殊社会保障形式[11]。在不同的国家保障房有不同的表述，如美国的公共住房、日本的公营和公团住房、英国的合作住房、新加坡的公共组屋及香港的公屋等。

1.5 研究视角与思路

保障性住房既包含社会属性又包含技术属性，同时还包含经济属性，因为社会保障性住房问题的解决属于社会保障体系的内容，涉及社会中低层的方方面面，同时，制度落实到空间层面就关系到城市规划和建筑设计问题，最后通过财政和金融政策进行实施。因此，本文的研究以规划技术层面为切入点，结合社会属性和经济属性，多视角地看待保障性住房与城市空间形态关系。

具体的研究思路是以文献阅读作为数据来源，将相关制度和政策分析总结作为基础，梳理保障性住房在中国住房制度改革历程中的发展，通过比较分析法，对境内外地区和国家住房保障领域的做法与值得借鉴之处进行分析。

2 保障性住房建设在住房制度改革历程中的发展

本章将以时间脉络为线索，梳理中国保障性住房制度形成与演进过程，分析目前现行保障性住房制度中各种类型保障房的发展及实施情况。中国的保障性住房制度发展是伴随着城镇住房制度改革的不断深化而逐步发展与完善的，与不同历史时期面临的不同矛盾密切相关。总体来看，中国的城镇住房保障工作共经历了两大发展阶段，一是中华人民共和国成立后，住房制度改革之前的"全民保障"阶段，即传统计划经济体制下的福利住房阶段；二是住房制度开始改革以后，住房的市场化和社会化阶段，此阶段提出并发展了中国社会化住房保障制度，初步形成了保障性住房及其制度体系。具体说来，其发展历程主要经历了以下五个阶段：单位大院——全社会保障阶段（1950—1978年）；住房制度改革摸索阶段（1978—1994年）；住房制度改革推进阶段（1994—2002年）；住房制度改革深化阶段（2002—2007年）；新常态下的住房制度改革阶段（2007年至今），基本遵循着从全面福利过渡到市场主导，再从市场主导转向民生主导的路径。

2.1 第一阶段：单位大院——全社会保障阶段（1950—1978年）

中华人民共和国成立初期，住宅问题非常严重。那时，除了北京、上海等大城市有一些高楼外，中小城市几乎都是低矮、光线不好的平房。"解放初期住的砖坯结构的小矮房，黑暗潮湿，一到夏天人出汗房子也跟着'出汗'。下雨时，外面下大雨，里面跟着下小雨。"在这一特殊的社会背景之下,人们的住房要求非常简单——满足基本的生活需求即可。

根据马克思主义的观点,在社会主义阶段,居民的住房保障主要应通过公共住房的形式实现。中国政府在中华人民共和国成立初期的私房社会主义改造过程中,从私人拥有者手中接收住房的所有权,再将之出租,这些接收来的公共房产就成为中国实行低租金福利分房制度的基础。后来,各单位自建的"单位大院"式房屋,以单位宿舍为主,形成工作加居住的混合体居住空间,成为当时中国城市开发建设居住区的主流形态。

> 20世纪70年代初,烟台市白石街道的白山终于分到了房,单位给分的是城里一所三十多平方米的楼房。虽然这楼里一样没有自来水,两三家一个卫生间,但那时很少有人住楼房,白山成了不少人羡慕的对象。"住在楼里视野开阔,也干净,后来有了自来水更是方便。"白山在这里迎来儿子,送走母亲。"那时候分套房不容易,很多人分不上房",白山回忆道。这样的故事并不少见。1978年以前,中国实行的住房福利制是中华人民共和国成立初期计划经济时代特有的一种房屋分配形式。在计划经济时期,中国的城镇福利住房制度可以被看作是特殊历史时期的保障性住房制度,此阶段可称之为"全民保障"阶段。①

---

① 张雪宁. 烟台30年住房史:百姓从忧其屋迈向优其屋 [N/OL]. 齐鲁晚报, 2014-06-04. http://yantai.dzwww.com/xinwen/ytxw/ytsh/201406/t20140604_10390292.htm.

2.1.1 本阶段重要的文件与事件

1949年8月12日,《人民日报》刊文称,"今天国家的资财主要用于人民革命战争和用于恢复和发展生产,不可能投下大量资本来修筑房屋。"显示出当时的财政主要向工业领域倾斜,政府大规模增加住宅供应的条件尚不具备。12月20日,《中共中央关于城市中公共房产问题的决定》发布,城镇工作人员都居住在宿舍;公共机关和个人居住及办公在公房中的均须支付基本房租。即城镇居民的住房实行实物分配,分配后收取低租金,住房产权不属私人,属于国家。

1951年3月31日,政务院发布《关于进一步整理城市地方财政的决定》规定:"公房一律收租,以便用房租收入来保护现有建筑并发展新的建筑。"当时租金占职工家庭收入的6%～8%是比较合理的,也促进了住房的维护。但新的住房发展依然极其有限,如北京兴建了一批中央机关大楼,部分商业及文化设施,新修民房的数量则非常有限。当时在城根、关厢和一些空地上,曾仿"兵营式排房"的形式,抢建了一批平房。1951—1952年间,东单地区共建平房349间。当时城市住宅极度短缺,这些新建的住宅无疑是杯水车薪[12]。

1955年,开始推行工资体系。单位人员公房租金约为工资的2%～3%。周总理希望推行公房租金占到工资收入比例的8%,可是并没有实施[36]。

1956年,中共中央书记处第二办公室制定了《关于目前城市私有房产基本情况及进行社会主义改造的意见》,提出对城市私有房产进行社会主义改造。经租房是由国家统一经营出租、统一分配使用以及修缮维护,超过一定标准的私有出租房屋,再跟房主分享房租,不同地区,对不同情况的房主也略有不同,大约是全额租金的

20%～40%。在北京，出租房屋够 15 间或总面积达 225m² 以上者一律纳入"社会主义改造"之列。全国被经租的房屋达 1 亿多平方米。

1957 年 1 月 11 日，国务院发布《关于职工生活方面若干问题的指示》，第一条就明确指出要为缺少住宅的职工解决问题，并规定了资金来源、管理、分配和调整原则，居民全民住房保障制度正式开始实施，采用福利体系而非市场体系。

1958 年"大跃进"以来，市民的工作调动变得更加频繁，许多职工的住房距离工作单位较远，每天上下班往返十分不便。有的城市尝试采用自愿对调的方式满足单位职工换房的要求[13]。

1961 年 4 月底，杭州市房管部门已经帮助 1800 多户职工完成了"房屋置换"，但房子还是不够住。家住法轮寺弄 68 号的工人高金荣就主动将房子退给房管站重新分配。在如此艰苦的条件下，大多数居民仍然通过对新中国与旧社会的住房比较，获得幸福感。里仁坊的楼阿三在《我的住房》中写道："我今年 65 岁了，在旧社会吃尽了苦头。因为缴不出房租，被资本家赶出来，只好去住'会馆'。'会馆'是放死人棺材的地方，里面黑得怕人，还有一股难闻的臭气……我现在住的是一所朝南的楼房，有玻璃窗，空气流通，阳光充足，冬天暖洋洋的。房间里开关'拍答'一响，满房通亮，收音机一开，可以听到国家大事和悦耳的音乐。尽管现在的住房紧张，条件也谈不上多么完美，但和旧社会相比，那可是一个天上一个地下了。"①

---

① 刘德科. 以主人翁态度用好国家房屋：1959—1966 艰苦年代的风雅记忆 [N/OL]. 杭州日报, 2009-09-09. https://hzdaily.hangzhou.com.cn/hzrb/page/1/2009-09/09/B08/20090909B08_pdf.

1961年《关于加速城市私人出租房屋社会主义改造问题的报告》、1964年《关于私有出租房屋社会主义改造问题的报告》《关于对港澳同胞出租房屋进行社会主义改造问题的报告》等一系列对私房改造的政策性文件出台，约有1亿m²的私有住房通过这种方式被"社会主义化"。

1966—1976年"文化大革命"期间，全国城市住宅的建设几乎停滞不前，人口剧增给住房带来的压力却越来越大。

1978年10月19日，国务院《关于加快城市住宅建设的报告》中提到，中华人民共和国成立以来，全国城镇新建住宅建筑面积4.93亿m²，千百万群众住进了新房。但绝大多数城镇，人口集中、工业发展较快的大、中城市，住房仍然很紧张。当时主要面临的问题是：（1）平均居住水平低。中华人民共和国成立初期城市居住面积约为4.5m²/人，而当时只有3.6m²/人，经过近30年发展甚至还降低了25%[14]。（2）缺房户数量多。当时城市约17%的居民属于缺房家庭，其中夫妇无法同居或住办公室的达104万户；两家居住在一套房或一家三代人居住在一套房等达130万户。（3）危房改造慢。文件要求，到1985年，城市人均居住面积要达到5m²，今后7年需建房4.34亿m²[15]。

2.1.2 低水平全民住房保障方式的思考与改革试点

社会主义改造完成后，中国建立起苏联模式高度集中的计划经济体制，与之相适应的住房制度也逐渐形成。国家不承认社会主义经济的商品属性，排斥市场规律的作用，国家扮演整个社会大管家的角色，几乎所有的社会资源都要统一管理，统一配置，住房当然也不例外。

住房实物分配是当时住房制度的主要特征之一，全民所有制的城市土地实际上归国家支配。从国民收入分配的角度看，住房实物分配属于二次分配范畴。在市场经济中，房屋是具有价值的，人们需要用货币去购买、交换。而在计划经济中，提供极少的资源由单位自行修建住宅，按设定的参加工作年限、个人住房条件、年龄等条件分配居住[16]。当时的住房供应采用的是政府直接投资和实物分配体制，住房作为公共产品被无偿分配，从根本上否定了住房的商品性。中国实行低工资制，国家统一扣除职工工资的住房消费因素，再由各级政府和单位统一按照国家的基本建设投资计划建设住房，以实物方式分配给职工使用，职工仅需缴纳很低的租金。公房由国家定面积、定标准、定租金，无法转卖，限制转租。在这种"低工资、低租金加补贴、实物配给制"和"统一管理，统一分配，以租养房"为特征的住房制度中，住房实际上是一种实物福利，是国家以实物形式支付职工工资。此时，中国的城市住房严重紧缺，由政府来投资建房的建设模式使住房紧张的问题在短时间内就得到了一定程度的缓解。这些新建的住宅，基本上是砖混结构，提供电、水、下水设施，比中华人民共和国成立初期的状况有了很大的进步。在当时普遍较低水平的消费层次上，很大程度上满足了广大干部职工的基本住房需求。不过，随着社会的发展，人口的增加，这种福利制住房保障模式的弊端也慢慢显现出来。

1. 中华人民共和国刚刚建立不久，财政基础薄弱，再加上计划经济时期政府的积累偏好，中国住房建设资金严重短缺。国家作为住宅的唯一供给者，每年需支出巨额的财政资金来进行房屋的建设、管理和维修养护。实际上，住宅福利制度是超越中国国情的，财政的困境成为其后对住房制度改革的直接原因。据中国统计年鉴历年数据统计，在1950—1978年这近30年时间里，国家用于住宅建设的投资共363.14亿元，仅占同期国民生产总值的1%不到，而国际社会的通行比例在 3%～6%，联合国的推荐比例为 5%。从新建住房投资来看，国家对住房建设的投入资金严重不足，与快速增加的城镇人口及住房需求存在很大矛盾。当时的城镇建设分为生产性建设和非生产性建设，普通职工的住房需求被认为是次要、可以忽视的非生产性建设，有些本应用于住房建设的资金，在资金紧张时通常被用来发展重工业，住房基本建设投资规模逐年削减，所建住房面积、数量远远不能满足城镇居民的住房需求。

据不完全统计，截止到 1957 年初，共修建住宅 0.81 亿 m^2，投资 44 亿元，应该说住宅建设工作还是进展比较迅速的，但仍然有约 200 多万人缺房[36]。之后由于开始实施五年计划进行工业建设，就出现了住宅与工业化建设的取舍问题，政策逐渐转到建设至上的理念。这几年的住宅建设投资较少，材料缺口大，加之管理工作混乱，劳动生产率下降，建筑造价普遍提高，新建的房子越来越少；另一方面，原有房屋维修较差，每年都要捣毁一部分，加上有些住房被街道工厂和机关挤占，以致住房"欠账"越来越多，住房的面积、数量都远远不能适应经济发展和城市人口增长的需要。此外，由于排斥市场机制的作用，城镇居民自己建房和社会有力量的企业及机构合作建房等形式不被许可，无法有效吸收社会资金参与住房建设，导致住房的生产、流通、分配和消费陷入病态，阻碍了住宅及相关产业的形成发展。

2. 城镇住房租金政策和管理制度也不够合理，有些单位完全不收费，有些单位则象征性地收一点租金，居住者实际支付的房租远远低于建筑和维修成本。20 世纪 60 年代初，房屋的租金标准一再降低，1963 年房租支出只占家庭收入的 7%。在每个月工资是 40 元的时候，只需交纳每平方米 0.2 元的房租，这个数额在很长一段时间内都没有增长过。此后，房租支出占家庭收入的比例逐年下降，1986年占1.2%，1987年占1.1%，1988年占1.04%。民用公房平均每平方米月租降至0.12元，低于全国各地房地产管理部门直管公房平均每平方米月租金0.13元的水平，行政事业单位和各系统自管房的租金则更低。后来为缓解公有保障性住房建设和维护的成本压力，曾执行过"以租养房"的政策，但由于租金过于低廉而且没有根据住房成本核算，根本不足以支持住房的再生产。住房资金只有投入没有回收，几乎是无偿向劳动者提供，无法实现自身积累和投入产出的良性循环。

3. 并非所有的职工都能分到房子。福利分房年代建房难，分房更难。住房实行的是行政性管理，单位住房普遍紧张。分房的标准是打分制，一般优先考虑已婚夫妇，然后按工作时间的长短、职位的高低来打分确定分房的时间、面积等。谁为单位做的贡献大，谁得分就高，就能越快分到房子。比如工作满一定期限后1年可以加多少分，但一般都是工作5年后才有资格去分房子，现实情况就是分房子实行严格的论资排辈，"住房靠国家，分房靠等级"是当时极流行的口号。在这种形势下，如何熬到一套自己的房子成为那一代人共同的忧虑，就算工龄、职级满足了条件，也只能保证有房住，但房子的朝向、楼层都无法自主选择。尤其是单身一人的时候，想要分到一套独立的房子非常难，一般只能分到一套房子里的一小间过渡，到了结婚的时候才有机会分到一套独立的房子。

4. 当时的老百姓对福利分房的依赖过大，居民个人缺乏对住房投入的主动性和能动性。有人比喻说，那时的单位就像是无所不能的家长，职工是单位的孩子，单位除了是工作和领取工资的地方，还要负责为职工提供一系列的福利，诸如食物的配给、交通补贴等。在单位提供的诸多福利中，最为人民关注的就是房子。在当时人们的头脑中，房子是一种天经地义的福利，是铁饭碗的重要组成部分，每个单位都在盖房子，盖的房子不是拿来买卖，是拿来分的。"那时，绝大多数城镇居民解决住房问题仍停留在'等、靠、要'三个字——等国家建房、靠组织分房、要单位给房。"人们从不担心没有房子住，只是时间长短、房屋面积大小的问题。实行房改后很多群众都不理解：以前灯泡坏了有人换，水管坏了有人修，干吗要买房。公家分房子的做法使普通老百姓形成了不正确的消费观念，住房消费在城镇居民消费构成中的占比低，特别是随着居民收入水平的提高，这方面的支出反而更低。这也为后来房改的推行造成了一定困难。

5. 国家是住房建设资金的唯一分配者，导致了分配的不公平。在住房靠单位的年代，住房福利必须与就业结合起来，必须通过就业所在的单位获得这种福利分配。单位的效益好就房源丰富，有些效益不好的单位，分房就遥遥无期。部门利益很难打破，也有悖于社会公平。即使在同一个单位，分配也并非公平，论资排辈、领导住大房、有了房子还要分的现象很多。当时形成了这样一种局面：一边是家庭人口很少，却占有几套住房，另一边是三代同堂，一间小屋两层床。福利分房变成最缺乏公平性的分配方式，住房被既得利益者多占或占而不用，造成较为严重的分配不均和资源浪费，腐败滋生，让群众怨声载道。最终，住房实物福利制度造成分配关系的扭曲和不公平。

6. 新建住宅配套设施匮乏。北京在中华人民共和国成立后的7年中建造了700多万m^2的住宅，可容纳70万居民，相当于一个中型城市，但都七零八落，很少考虑到居民的生活福利，没有一个比较完整的包括公共服务设施、学校、幼儿园、商业、绿化等在内的街坊。曾有专家不无讽刺地说："如果旧上海的房地产商干这样的蠢事，不知有多少人会破产跳黄浦。"北京则经常有十几户人家挤在一个四合院，没有下水道，没有暖气，家庭生活非常不方便。四合院失去基本的建筑格局，对北京城市风貌和文脉造成了一定的破坏。

可以说，福利分房体制在中华人民共和国成立初期还有一定积极的保障作用。国家建设的重点是工业，对生活条件推崇节俭。但到了 20 世纪 70 年代的发展阶段，这种只覆盖城镇社会一部分人的住房福利制度，既无法体现社会保障功能，也无法满足社会的多层次住房需求。虽然保证了城镇居民基本的住房权益，但客观上造成了住房投资不足，国家不仅要投资建房还要投资养房，双重负担使得建房越多养房负担越重。住宅的建设规模严重滞后，供应依然短缺，居民的居住条件也十分恶劣。社会主义制度下国家对生产、分配等关系的理念和相关制度的执行，是城镇居民居住水平长期未能得到改善，在较低水平上徘徊的原因。住房难已经成为一个顽疾，群众的住房需求亟须解决，改革已经迫在眉睫。

2.2 第二阶段：住房制度改革摸索阶段（1978—1994 年）

自 1978 年起，中国开始了对住房制度改革的历程。这一改革是中国改革开放众多国策中的一个重要组成部分，是顺应整个国家大政方针一同启动的。到 1994 年，中国进行了多轮改革的尝试和试点，从纯福利分房的"全民保障"阶段进入向市场化改革的摸索阶段，在住房领域开始尝试商品化。传统全民住房保障制度开始向市场经济制度下的价值属性回归。中国开始探索社会主义市场经济体制下住房体制改革，其中就包含居民住房保障制度。

2.2.1 本阶段重要的文件与事件

1978年，邓小平提出：解决住房问题能不能路子宽些，譬如允许私人建房或者私建公助，分期付款。把个人手中的钱动员出来，国家解决材料。随后，中央召开的城市住宅建设工作会议决定：今后7年间用于建设全国城市住宅的投资总额，相当于中华人民共和国成立以后28年建设住宅投资的总和；企业可以自筹资金修建职工住宅。10月20日，邓小平视察北京新建的公寓，提出居民住房能否成为商品这一问题。①

1978年11月27日，《人民日报》发表的社论，《把城市建设提到重要日程上来》提到："城市建设欠账多，主要表现在职工住宅和市政公用设施上。"据国民经济计划执行结果的公报显示，1978年国家投资和自筹投资建成交付使用的住宅面积达3700多万 m^2（比上年增长33%），全国完成基本建设投资总额479亿元，住宅投资37.54亿元，仅占7.8%。

1979年，住房商品化萌芽。西安、柳州、梧州、南宁等四个城市成为新建住房向职工出售的试点，由政府统一建房，以土建成本价向居民出售。

1980年4月2日，邓小平就住宅问题再次发表重要意见，指出城镇居民可以买房，也可以盖房。新房可以出售，老房子也可以出售。可以一次付款，也可以分10年、15年付清。住宅出售后，要联系房价逐步提高房租，使人们感到买房合算。中心城区和郊区

---

① 邱观史. 中国住房改革30年：居者有其屋的梦想与现实 [N/OL]. 京华时报，2008-10-20. http://www.chinanews.com/estate/kong/news/2008/10-20/1417446.shtml.

住宅，交通便利与否，租金就会体现出内在价值的区别[17]。同年6月，国务院在《全国基本建设工作会议汇报提纲》中正式提出实行住房商品化政策，"准许私人建房、私人买房，准许私人拥有自己的住宅"。住房制度开始尝试改革。

1981年，公房全价出售试点扩大到全国60多个城市及部分县镇，但由于职工工资收入太低，成绩并不理想，全国试点城镇售出的新建住房只占同期新建住房总量的1/2000，这条路行不通，改革转向了补贴售房。

1982年4月，国务院批准了《关于出售住宅试点工作座谈会情况的报告》，开始实行"三三制"补贴出售新建住房的方案。先后在郑州、常州、四平及沙市试行新建住宅补贴出售，原有住宅折价出售，房款分别由个人、政府和企业各负担1/3，以鼓励私人购房、修房。

1983年，中国房地产住宅研究会成立，开始讨论住宅属性问题及住宅商品化路径问题。10月，十二届三中全会通过《关于经济体制改革的决定》，明确社会主义经济是公有制基础上有计划的商品经济，这对住房的属性变化有着深远影响。国务院《关于扩大城市公有住宅补贴出售试点的报告》，从国务院到省、市、县政府均设立了"房改办公室"。

1984年，随着国家新建的一些住宅出售给了私人，再加上"文革"期间被挤占、接管的私房逐渐发还，私房买卖活动也随之增多。杭州市房管局恢复了房产交易所，一年下来，办理了660户买卖登记手续，120户成交手续，成交住房5600多平方米，成交金额逾18万元，这在当时来说都是不小的数目。不久，杭州市住宅经营公司开始卖房，单位和个人均可购买，首批和睦新村的154套住宅，一周内就销售一空；杭州市房屋开发公司新开发的俞家圩小区10

万 m^2 住宅也被订购一空。城镇居民巨大的住房需求开始显现。

1984年5月，六届全国人大会议决定：城市住宅建设，要进一步推行商品化试点，开展房地产经营业务。住房建设以土地为依托和载体，而土地市场又是房地产市场的基础性市场，因此，允许按土地在城市中所处的位置、使用价值征收税费。国务院批准辽宁抚顺成为试点，随后，广州、上海、重庆等地纷纷发布了一些土地税收政策。

1986年3月1日，原城乡建设环境保护部《关于城镇公房补贴出售试点问题的通知》对补贴出售政策进行了总结，分析了过程中反映出的问题：今后的城市公有住宅原则上按全价出售；坚决制止有些城镇不计后果，随意贱价出售旧房的做法。通知发出后，并没有完全止住低价售房风潮。

1986年，烟台、唐山、蚌埠这几个规模中等、公房比例较高、经济条件较好、改革意识强烈的城市成为试点，试行"提租补贴、租售结合、以租促售、配套改革"的改革方案。"提租"就是将原来的公房租金逐渐提至成本租金。租金按准成本起步，月租金由原来的 0.07～0.08 元 /m^2（使用面积）提高到 1 元以上，相当于成本租金的 70%～80%；公房按标准价出售。原住宅维修管理基金、折旧基金作为住房补贴发给职工，由原来的"暗补"变成"明补"。补贴的依据有三个：住宅面积、职工级别和工资。

"当时能想到的就是卖房子和提高租金这两条路筹集资金，拿到的钱再投入到新的住房建设上。"社科院财贸研究所研究员汪莉娜说，无论哪种办法，老百姓是否有购房的意愿和能力都是个大问题。当时，烟台市民宫建华每个月工资只有 52 元，根据烟台的试点方案，即使有各种优惠，买一套 70m^2 的房子，仍需2万元，这相当于她不吃不喝三十余年的工资。①

烟台市建设局刘健对1986年烟台的第一轮房改表示："当时公房租金从原来的0.1元/m^2提高到1.28元/m^2的准成本水平；考虑到老百姓承受不了大幅提租，就按标准工资的23.5%给职工发住房补贴券，同时提供多种优惠，鼓励职工购买住宅。"这就是"提租发券，空转起步"，把公房租金提高到准成本租金标准，按照职工标准工资的一定系数发放住房券，并采取"以证代券，差额结算，沉淀统筹，纳入住宅基金"的流转方式，调整租金来形成合理的房屋租卖比价。②

从"提租空转"开始住房改革后，烟台出现了大房换小房，无房要买房的新动向。过去占着两套以上住房的人开始大量退房，住房面积大的人也纷纷要求调换小房。第二皮件厂工会主席王建生的银行账户上，每月存入了30多元的住房券储蓄，当时，王建生夫妻俩带着孩子挤在9m^2的房子里，想到自己每月存着的住房券，他感到比过去踏实多了。人们心中原本熟悉不过的房子，已经开始给他们带来经济利益的大幅调整。老百姓开始意识到，房租大幅提高，不再是福利，如果把房子买下来，每月的住房补贴就可以攒起来了。提租发券让更多的人认识到原本分配的房子可以成为一种商品。③

---

① 邱观史. 中国住房改革30年：居者有其屋的梦想与现实[N/OL]. 京华时报，2008-10-20. http://www.chinanews.com/estate/kong/news/2008/10-20/1417446.shtml.

② 张雪宁. 烟台30年住房史：百姓从忧其屋迈向优其屋[N/OL]. 齐鲁晚报，2014-06-04. http://yantai.dzwww.com/xinwen/ytxw/ytsh/201406/t20140604_10390292.htm.

③ 孙韩高. 烟台房改：首个冲出"黑洞"[N/OL]. 齐鲁晚报，2008-11-11.

1987年10月，烟台市区住宅交易调换大会（图2.1）把烟台人住房商品化的观念深化了一层。大会持续了4天，会场挂着数以万计要卖房换房的条幅，参加人数达万余人。3000多户要求买房，1000多户提出以大换小。最终卖出45套住房，换房143套，私房交易量超过了烟台历史最高成交量的5倍。

图 2.1　1987年10月，烟台住房改革首次交易大会

图片来源：孙韩高. 烟台房改：首个冲出"黑洞"[N/OL]. 齐鲁晚报，2008-11-11

住房制度改革的消息传开后，部分烟台居民疑虑，买房值不值得、政策会不会变、这么多钱从哪里来？但住房制度改革对大多数基层群众肯定是有利的。这次改革中，烟台出售公有住房2111套，12.8万 m^2，回收售房款2400万元，在较大程度上冲击了旧住房制度和旧住房观念；抓住了住房资金这一关键问题，理顺、转化住房资金，还建立了全国最早的住房储蓄银行，即今天恒丰银行的前身。

1988年1月15日，国务院召开了第一次全国城镇住房制度改革会议，宣布住房制度改革正式列入中央和地方计划。2月，《关于在全国城镇分期分批推行住房制度改革的实施方案》印发，提出用3—5年的时间在全国城镇分期、分批实施住房制度改革，并明确为两个步骤：一是实现全国公房按成本价（包括房屋折旧费、维修费、管理费、建房投资款利息及房产税）收取房租，提高租金，促进住房商品化；二是将住房成本纳入工资，通过提高工资，进一步推动住房商品化。

1988年6月8日，建设部发出了《关于制止贱价出售公有住房的紧急通知》，再次重申：所有公有住宅一律全价出售；各种补贴出售和有限产权出售公有住宅的做法要立即停止。新建住宅应按住宅本身建筑造价和征地、拆迁补偿费计价；砖混结构的单元式旧房，每平方米建筑面积售价一般不得低于120元。

1990年9月11日，建设部《关于印发解决城镇居住特别困难户住房问题的若干意见的通知》中提到，"1989年全国城市住房困难户有540万户。人均居住面积$2m^2$以下的住房特别困难户，还有将近50万户，解决住房困难的任务相当艰巨。"《通知》要求50万人口以上的大城市与居住特困户1000户以上的中小城市，每年竣工的商品住宅中应划出5%～10%，交给解困机构统一安排，以优惠价格出售给居住特困户个人或居住特困户较多的单位，争取1992年基本解决居住特困户的住房问题。

1991年初，时任上海市市长的朱镕基从新加坡借鉴的住房公积金制度为解决房改资金难题提供了一条出路。《上海市住房制度改革实施方案》于5月1日正式实施。主要措施是推行公积金、提租发补贴、配房买债券、买房给优惠、建立房委会。上海市要为职工建立"住房基金"，数额为职工工资总额的5%，由职工和企业共同负担。钱由公积金中心统一管理，用于向企业建房和个人购房发放贷款。建设银行仅两个月就为全市40多万职工开设了账户，4

年内归集资金 77.18 亿元。

1991 年 6 月,国务院发出《关于继续积极稳妥地推进城镇住房制度改革的通知》,提出大力发展经济实用的商品住房,优先解决无房户和住房困难户的住房问题[18]。

1991 年 10 月,全国第二次房改工作会议确立了以提租为核心,租售并举的改革原则。11 月,国务院下发《关于全面推进城镇住房制度改革的意见》确定了房改的基本思路:提高租金,促进售房;回收资金,促进建房;形成住宅建设、流通的良性循环。从改革公房低租金制度入手,"多提少补"或"小提不补";从公房的实物福利分配逐步转为货币工资分配,由住户通过买房或租房取得住房的所有权或使用权,使住房作为商品进入市场[19]。

1992 年 5 月 8 日,已经与丈夫、女儿在 13m^2 的"鸽子笼"里生活了十几年的杨希鸿出现在中央电视台的新闻联播里。她在一份油印、略显粗糙的借款合同上,签下了自己的名字,成为全上海乃至全国首批通过公积金贷款买房的个人。这份编号为 001 号的借款合同书上写明:杨希鸿向住房公积金中心贷了 8 万元分期偿还的贷款。这 8 万元,帮助杨希鸿圆了多年的住房梦。①

各地的房改房开始陆续实施,一些大城市的运作比较规范,部分中小城市则相对较差,房改又一次进入低价售房的怪圈。

1992 年 6 月,国务院房改工作会议不得不再次制止贱价售房。

---

① 邱观史. 中国住房改革 30 年:居者有其屋的梦想与现实 [N/OL]. 京华时报,2008-10-20. http://www.chinanews.com/estate/kong/news/2008/10-20/1417446.shtml.

10月，十四大正式确立社会主义市场经济体制为中国经济体制改革的目标，从根本上明确了住房保障制度改革的方向。

1993年11月，《中共中央关于建立社会主义市场经济体制若干问题的决定》提出加快城镇住房制度改革，促进住房商品化发展。召开的第三次房改工作会议，将上次房改提出的方案修改为以出售公房为重点，进行另一种探索[20]。

2.2.2 城镇住房低租金制度改革与设计的发展

中国的住房制度改革是一种从国家拥有所有住房产权向居民拥有自有产权的转变过程。1978年改革开放以后，随着经济体制改革的逐步深入，中国城镇住房体制改革逐步启动，作为其重要组成部分的城镇保障性住房制度也不断向前推进。邓小平那次著名的讲话相当具有前瞻性，勾勒出中国城镇住房体制改革的蓝图，包含了清晰的住房保障思想。

由于邓小平的重要意见，1978年被诸多学者看作中国住房制度改革的起点。住宅的商品属性已成为各界共识，为中国新时期的住房制度改革做了最基本的理论准备。中央已经意识到，建筑业可以为国家增加收入，在长期规划中必须把建筑业放在重要位置。人们认识到低租金的福利住房供给体制是住房体制改革的最大障碍。当时的改革分为两种思路：一种思路是以租金改革为起点，因为租金太低，必须改革低租金。第二种思路是以住房产权制度改革为重点，以出售公房为重点。

1978—1985年是中国住房制度改革的第一个阶段，主要内容是试点售房。前3年向居民试行全价售房，但因为售价过高、城镇居民的收入低，居民购房积极性有限。试点结果并不尽如人意，既没有引起住房相对价格的变化，也没有改变城镇居民在住房消费上的偏好。

1982年，中国开始进行补贴出售新建住房的试点方案。"三三制"补贴售房虽然售价比全价售房要高一些，但地方政府和单位补贴了2/3，大大减轻了职工的负担，一般家庭大约在两年内就能购买一套普通的新房，政策的推行相对顺利。到1985年底，先后有过试点的90多个城市和40多个县镇，共计出售新建住宅146.95万m^2，收回资金24522.9万元。其中补贴出售的占44.9%，全价出售的占55.1%。这一试点方案表明了职工有购房需求和一定的支付能力，为住宅商品化积累了经验。但试点中反映出一些问题：一是补贴偏多，2/3的购房款需要由企业和地方政府补贴，购房职工越多，补贴量就越大，国家的负担依然很重；二是单位不能再提取折旧基金，失去了卖房的积极性；三是实行"低租分配"的办法，使已经有房和将要分房的职工没有动力购房，买房的多是一些没有希望分到房子和收入低的职工；四是没有能力建房的单位无法解决职工的住房问题。

全国大部分住房的低租金制度并未被触动，低租金连简单的住房维修也难以维持。1984年和1985年，烟台市用于住宅建设的投资达1.2亿元，维修费达400万元，通过房租回收的资金却极少。商品化的原则没有体现，住房建设资金无法自身循环，住房制度改革从"三三制"补贴售房转向租金制度改革的研究和设计。

1986—1990年，在总结全价售房和补贴售房经验的基础上，以"提租补贴"为主要内容的改革试点，标志着中国住房制度改革进入了整体方案设计和全面试点阶段，从根本上动摇了根深蒂固的住房福利观念、等级观念和消费观念。"提租补贴方案"作为中国正式出台的第一个房改总体方案，成为中国住房改革从试点向全国推开的转折点。

这个阶段住房制度改革的目标，是从公房低租金制度着手，实施住房商品化。将现有的实物分配逐渐改变为货币分配，由住户通过商品交换取得住房的所有权或使用权，使住房这个大商品进入消费品市场，实现投资投入产出的良性循环，走出一条既有利于解决城镇住房问题，又能促进房地产业、建筑业和建材业发展的新路。住房市场化改革向前迈出了实质性的步伐，随着房租的上涨，租金补贴以及购房补贴成为保障职工住房的新形式。截至1990年，全国共有12个城市、23个县镇进行了以提租补贴为主要内容的住房体制改革，并取得了不错的成效。

当时，房子的租金虽然提高到了能够真实反映房子价值的市场水平，但住房补贴直接抵消部分房租，职工每月只需缴纳剩下那部分与市场租金的差额就行，大部分资金用于补贴导致建房资金减少，受到一些既得利益者的反对。后来，通货膨胀变得极其严重，零售物价总指数上升18.5%，大部分提租效果被抵消。全国房改陷入困境，用3—5年完成提租补贴方案的计划夭折了。住房问题没有得到根本解决，供需矛盾仍十分突出。据不完全统计，1992年全国共出售旧公房654万 m^2，每平方米仅回收资金65.7元，国务院不得不对这次的"提租补贴"改革叫停，城镇住房改革又一次陷入低潮。

1990—1993年，以制度建设为重的新一轮房改方案出台，试图通过在外围实行增量房改，避开存量住房提租的阻力，使住房新制度逐渐累积最终实现质变。强调新房新政策，新建住房不再进入旧的住房体制，有利于今后住房制度改革的顺利进行。全国房改工作开始加快，和20世纪80年代相比，采取了贵在起步的策略。此阶段，国务院住房制度改革领导小组先向全国转发了上海、北京、天津的房改方案，实践证明，这一策略成功了。三大直辖市房改的牵扯面广、影响大，其示范带头作用很快带动了全国房改的全面起步。虽然最后还是陷入了低价售房的困境，但截止到1993年底，全国除西藏自治区、江西省外的所有省区全部出台了房改方案，住房制度改革真正在全国绝大部分城镇开展起来。

总的来说，1978—1994年，中国保障性住房制度建设主要开展了两项工作：一是为城镇住房体制改革及保障性住房制度做基本的理论准备；二是开展了局部的城镇住房体制改革试点。

这一阶段受到传统思想观念及分配制度的影响，低租金问题始终没有得到有效解决。总体上还在沿循传统计划经济体制下的福利保障住房模式，只是在产权、收费等方面有了一些探索尝试。第二次改革试点以提租补贴为主要内容，将住房作为商品出售，虽然效果并不显著，但房地产市场已经处于孕育之中，新的住房保障思想也开始萌芽，公房出售、住房公积金、房贷按揭以及住房分配货币化等新事物强烈地冲击着传统的购房观念，一定程度上抑制了不合理的住房需求，扩大了住房建设资金的来源。住房市场化改革向前迈出了实质性的步伐，住房商品化、市场化和社会化思路，全面改变了改革的目标、原则和主要内容，从根本上确定了住房制度改革的方向，为下一阶段全面推进住房制度改革提供了思想解放的基础。

2.3 第三阶段：住房制度改革推进阶段（1994—2002年）

2.3.1 本阶段重要的文件与事件

1994年7月18日，国务院《关于深化城镇住房制度改革的决定》明确了改革的根本目的在于实现住房商品化。具体要求推行住房公积金制度、租金改革、出售公房、建设经济适用住房，房地产公司每年要将 20% 以上住房总量用来建设经济适用房[21]。

1994 年 11 月 23 日，财政部等部门联合下发《建立住房公积金制度的暂行规定》。建设部《城镇经济适用住房建设管理办法》指出，经济适用住房是以中低收入家庭、住房困难户为供应对象，并按国家住宅建设标准建设的普通住宅。为配合城镇住房制度改革，开始实施安居工程计划。伴随着这次在全国铺开的"房改"，公房出售价格越来越高。加之公房租金也逐年上涨，老百姓意识到只有早参与房改，才能少花钱住上房，更多普通员工慢慢开始参与房改。

1995 年 2 月 6 日，国务院发出《国家安居工程实施方案的通知》，决定 5 年左右完成新增安居工程建筑面积 1.5 亿 m^2。安居工程建设按照国家贷款 40%，地方配套 60% 的方式筹集资金，由所在地政府划拨土地并减免相关费用进行建设，建成后按成本价向城镇中低收入家庭出售，优先出售给无房户、危房户以及住房困难户，不售给高收入家庭，不搞无偿分配或低价抛售。

公积金制度逐步推行。政府采用广泛宣传，贵在起步的办法，不搞一刀切。对经济效益较差的单位，同意低水平起步，开始哪怕缴纳 1% 也可以，不足的部分可以在效益好转后补交。公积金制度在全国普及得很快。到 1995 年底，全国已有 33 个大中城市建立了公积金制度，缴交率达 5%，总额超 110 亿元。

朱镕基曾多次表示，"公积金的使用和管理是房改的中心环节，关系到整个房改工作的成败"。公积金制度表现出了强大的生命力，广大职工赞成，各级政府支持。1996 年，得知公积金普及面之广的朱镕基作出重要批示：公积金制度的重大意义不容置疑，而且已经植根中国。①

1997年，十五大明确提出建立城镇住房公积金，加快住房制度改革。当年，全国归集住房公积金800多亿元，35个中等城市的公房租金有了较大提高，平均为1.29元/m^2。公积金的确可以提高公民的购房能力。全国住房改革研究小组的调查显示，在被调查者中，从1980—1990年间，购买公房的居民只有8.6%；而1994—1997年推广公积金的阶段，有一半以上的人购置了公房。同时，经济适用房、安居工程建设较快，为解决低收入家庭住房困难提供了条件。

1997年，朱镕基到深圳调研，万科董事长王石受邀向他汇报工作时说道："我不认为2—3年内，住宅行业能成为国民经济的支柱产业。"他的一个重要理由是，虽然中国的房改已经进行了近20年，但房地产市场并不完善，住宅中商品房的比例仅占30%多，60%以上是各级政府的福利房。片刻沉默后，朱镕基反问，"如果取消福利房分配制度，房地产行业能成为支柱产业吗？"不到一年，朱镕基的假设，变成了事实。②

1998年7月3日，国务院发布了《关于进一步深化城镇住房制度改革加快住房建设的通知》，宣布停止已经实施了四十多年的全民住房保障实物分房做法，实行住房分配货币化，首次提出建立

---

① 陈学斌.90年代中期住房改革制度回顾[J].百年潮，2010（7）：26-34.
② 邱观史.中国住房改革30年：居者有其屋的梦想与现实[N/OL].京华时报，2008-10-20. http://www.chinanews.com/estate/kong/news/2008/10-20/1417446.shtml.

和完善以经济适用住房为主的多层次城镇住房供应体系：（1）调整住房投资结构，重点发展经济适用住房，加快解决城镇住房困难居民的住房问题。（2）对不同收入家庭实行不同的住房供应政策。最低收入家庭由政府或单位提供廉租住房；中低收入家庭购买经济适用住房等普通商品住房；对高收入家庭购买、租赁的商品住房实行市场调节价。（3）政府和单位可以对无房和住房面积未达到规定标准的职工实行住房补贴。同时，全面推行和不断完善住房公积金制度，职工个人和单位住房公积金的缴交率在两年内应不低于5%[22]。9月，建设部等部委就发布了《关于大力发展经济适用住房的若干意见》，提出大力发展经济适用住房，加快住房建设。

1999年2月23日，中国人民银行下发了《关于开展个人消费信贷的指导意见》，在"积极开展个人消费信贷"的引导下，贷款买房、按揭等新的概念开始登陆中国内地。

1999年3月17日，国务院常务会议通过《住房公积金管理条例》，全面推行和不断完善住房公积金制度。4月19日，建设部发布《城镇廉租住房管理办法》，对廉租住房的房源、房租标准、建设和申请程序等进行规定。2001年3月15日，《国民经济和社会发展"十五"规划纲要》提出要"建立廉租住房供应保障体系"。

2001年，28名房产开发商登上2001年福布斯中国富豪榜。"温州炒房团"横空出世。8月18日，第一个温州购房团共157人浩浩荡荡开赴上海，3天买走了100多套房子，5000多万元现金砸向上海楼市。大量资金投向房地产市场，各地房价开始迅速上涨。

2002年3月24日，国务院公布《关于修改〈住房公积金管理条例〉的决定》，要求各地设立住房公积金管理委员会，明确要求加强公积金自上而下的监管。11月17日，建设部出台了《经济适用住房价格管理办法》，规定了经济适用房必须以保本微利作为确定价格的原则。

2.3.2 经济适用房主体下的保障性住房发展

1994年注定是不同寻常的一年,《关于深化城镇住房制度改革的决定》(下称《决定》)在中国保障性住房制度发展史上具有重要的意义。首先,第一次明确城镇住房制度是中国经济体制改革的重要组成部分;第二,提出要加快经济适用住房的建设,鼓励集资合作建房,保障低收入群体的住房需求。

1994年的房改在正确处理国家、单位和个人利益方面迈出了重要的一步,在出售公房和建立公积金制度两个问题上有重大突破。在出售公房的问题上,有两个重要的观念转变:一是意识到向职工出售公房是形成住房市场的必要前提;二是认为现有公房中,既有国有资产,也有职工应得的实物性分配,可以按照一定折扣价格出售公房,给予个人产权,出售后的公房满足一定条件可以依法进入市场,并对公房出售作了详细规定。政策出台后,公房出售总体上稳妥推进。4年内,全国80%左右的公房已经出售。这次房改认为,住房公积金是职工工资的一部分,实际上就是用来替代以往房改方案中所提到的住房消费补贴,是住房实物性分配向货币性分配转变的关键手段。

1994年的《决定》,对房改的目的、内容、步骤都作了系统规定,思路非常清晰,可操作性很强。运用公积金制度积累资金,推进经济适用房建设,既缓解了城镇居民住房困难情况,又为经济发展提供了广阔的市场。《决定》颁布以后,各方评价都非常高。在今天看来,仍有指导意义。

接下来的3年,国家分别安排了50亿元、50亿元和100亿元银行贷款来支持安居工程计划的正式实施[①]。国家安居工程先后在88个城市实施,取得了较大的成绩,既推动了房改,又解决了一部分困难群众的住房问题,深得群众拥护,成为政府的德政工程,同时也带动了经济发展和房地产业结构调整。尽管如此,安居工程的实施效果与原来计划和预期目标相比还有一定差距。

1997年,受东南亚金融危机的影响,房地产业被选为中国拉动经济增长的新支点。

1998年,为了调整住房制度,刺激居民的住房需求,国务院终于启动了住房货币化改革。由《关于进一步深化城镇住房制度改革加快住房建设的通知》(23号文件)开启的房改,对于全体中国城市居民都是一项具有历史性转折的政策。正是因为亚洲金融危机之后,中国出口下降和国内有效需求不足,导致经济增长连续下降,中央采取一系列扩大内需和鼓励出口的政策措施,如加大基础设施建设、取消福利分房、推行住房制度改革等。"23号文"在强调房屋公共产品特性的同时,也强调了政府在其中的责任。房改取消了过去的福利分房,取而代之的是名为"建立和完善以经济适用住房为主的住房供应体系"。经济适用住房的出现,一方面是为了解决城镇中低收入家庭的住房问题;另一方面,以住宅为主导产品群对上游及下游产业多个物质生产部门具有极强的关联度,可带动国家经济增长。截至1998年6月,全国归集住房公积金总额达980亿元,全国城镇自有住房比例已经超过50%,部分省市已超过60%。

1998年底,全国终于全面停止了实物分房,中国城镇住房制度发生了一次根本性的转变。当时,中美两个老太太的故事广为流

---

① 陈学斌.90年代中期住房改革制度回顾[J].百年潮,2010(7):26-34.

传：中国老太太省吃俭用一辈子，终于攒够了买房的钱，却没机会住了；而美国老太太贷款买房，享受了一辈子，临终前还完了银行的贷款。随着《关于开展个人消费信贷的指导意见》的下发，中国房地产市场彻底变成个人消费。当住宅的商品属性被还原出来，通过银行按揭，商品房从奢侈消费迅速转向普通人的大众消费，中国房地产终于迎来了跨越式发展。朱镕基在《2000年政府工作报告》中指出，大力发展住房、助学和大件商品的消费信贷，改进办法，简化手续，提高审贷效率。要积极培育住房等新的消费热点，使住房建设真正成为重要产业。

总的来说，住房制度改革自《国务院关于深化城镇住房制度改革的决定》开始启动，但进展缓慢；到《国务院关于进一步深化城镇住房制度改革加快住房建设的通知》实施，保障性住房主要由经济适用住房实现。此后，随着其他一系列制度的出台，中国基本确立了包括经济适用住房、廉租住房在内的多层次保障性住房制度，高收入群体依靠商品房解决住房问题，而中低收入群体则依靠经济适用住房以及廉租房解决住房问题，对缓解城镇中低收入家庭的住房问题起到了重要作用。可以说，这一阶段的住房制度在大力推进住房市场化的同时，较好地兼顾了住房保障这一社会公平目标。群众对住房的需求随着房价的飙升日益增加。经济适用房由于政策目标不明确，执行过程中失当、失控现象严重，暴露出在土地供应、住房结构、供应对象等方面的违规行为。1998—2002年，全国经济适用住房建设形势一片大好（图2.2），累计竣工面积4.77亿 m^2，累计解决600多万户家庭的住房问题，但和全国住房困难群体的需求相比，住房保障仍然面临很艰巨的任务。

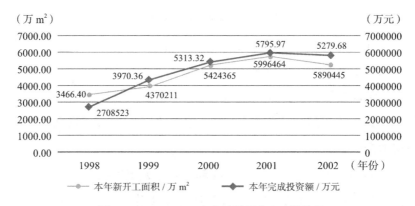

图 2.2　1998—2002 年经济适用住房建设状况

2.4 第四阶段：住房制度改革深化阶段（2002—2007 年）

2.4.1 本阶段重要的文件与事件

2002 年 5 月 9 日，出台《招标拍卖挂牌出让国有土地使用权规定》，文件叫停了已沿用多年的土地协议出让方式，要求各类经营性用地须以招、拍、挂方式公开交易[23]。

2002 年 8 月 26 日，出台《关于加强房地产市场宏观调控促进房地产市场健康发展的若干意见》，提出国内某些城市出现房地产过热，房价增长过快等问题。

2003 年 8 月 12 日，国务院发布《关于促进房地产市场持续健康发展的通知》，明确将房地产行业定位为拉动国民经济发展的支柱产业之一。并提出了 6 条宏观调控政策，20 条调控办法和要求。11 月 15 日，建设部发布了《城镇最低收入家庭廉租住房管理办法》，用以保障城镇最低收入家庭的基本住房需要，次年开始正式实施。

房改带来了房市繁荣、居住改善，也带来了房价的扶摇直上。

21世纪的前3年，全国房价年涨幅还在34%，可到了2003年，房价一飞冲天，上海、杭州、南京等热点城市的部分房价甚至在短短一年内翻了一番。在城市住房价格居高不下的情况下，经济适用房的供给量却持续减少，2003年用于经济适用房建设的总投资为600亿元，只占当年房地产投资的6%。中央不得不出台一系列政策防止房地产过热。

2004年3月30日，国土资源部下发《关于继续开展经营性土地使用权招标拍卖挂牌出让情况执法监察工作的通知》，要求从即日起就"开展经营性土地使用权招标拍卖挂牌出让情况"进行全国范围内的执法监察。随后，中国人民银行决定提高存款准备金率0.5个百分点，即存款准备金率由7%提高到7.5%。2004年4月28日，国务院又下发紧急通知，要求全国半年之内暂停农用地转为建设用地审批，深入开展土地市场治理整顿。

2004年5月13日，在房价持续高涨的情况下，为了保证中低收入人群的住房需求，由建设部等联合颁布的《经济适用住房管理办法》和《关于已购经济适用住房上市出售有关问题的通知》正式施行，明确了经济适用住房是由政府提供优惠政策，限定建设标准、供应对象和销售价格的具有保障性质的政策性商品住房。

2004年，1—8月份商品房价格涨幅达到了两位数，上海及浙江部分地区的房价上升达20%以上。政府调控的结果尽管在一定程度上抑制了房地产的投资规模，但并没有使房价停止攀升。

2005年3月26日，国务院针对房价上涨过快的现象下发了《关于切实稳定住房价格的通知》(国八条)：高度重视稳定住房价格；将稳定房价提高到政治高度，建立政府负责制；大力调整住房供应结构，调整用地供应结构，增加普通商品房和经济住房土地供应，并督促建设；严格控制被动性住房需求，主要是控制拆迁数量；

正确引导居民合理消费需求；全面监测房地产市场运行；积极贯彻调控住房供求的各项政策措施；认真组织对稳定住房价格工作的督促检查。

2005年7月7日，《城镇最低收入家庭廉租住房申请、审核及退出管理办法》颁布，规定申请廉租住房保障的城市家庭应具备的一系列条件，明确了廉租房的申请条件、审核及退出机制。随后，建设部发布了《关于开展城镇最低收入家庭住房情况调查的通知》，要求各地开展关于低保家庭的家庭人口、户主类型及居住状况等内容的调查，通过全面掌握廉租住房需求情况，以编制住房发展规划，健全廉租住房制度，完善低收入家庭救助制度。

2006年3月29日，建设部印发了《关于城镇廉租住房制度建设和实施情况的通报》，总结汇报了各省、自治区、直辖市廉租住房制度建设的有关情况。下半年又印发了《城镇廉租住房工作规范化管理实施办法》，要求各地建立起科学高效、公开透明的廉租住房管理机制。

2006年5月24日，国务院九部委颁布关于调控房地产市场的六条政策，被称为国六条。紧接着又出台了《关于调整住房供应结构稳定住房价格的意见》，被称为九部委"十五条"，是对"国六条"的进一步细化，在强调房地产是中国新的发展阶段的一个重要支柱产业的同时，要求重点发展中小套型、中低价位的普通商品房及经济适用住房。

2007年以来，全国房价、地价出现加速上涨的态势，尤其是二、三季度。国家统计局数据表明，70个大中城市新建商品住房售价同比幅涨，从4月5.3%到7月的8.1%，再到11月的12.2%，呈现逐月递增之势，部分热点城市涨幅更大（图2.3）。房价快速上涨的城市已涵盖东、中、西部。

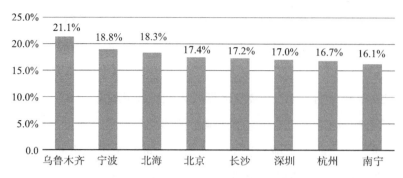

图 2.3 2007 年部分城市房价增长速度

2.4.2 保障性住房在"重市场轻保障"环境下的发展

中国的住房制度从全民保障的福利阶段进入市场化阶段，势必要经历一个高度重视市场，培育房地产市场的过程。

2002 年，"招拍挂"出台，沿用多年的土地协议出让方式退出历史舞台，"新一轮土地革命"开始。国土资源部数据显示，1999—2008 年 10 年间，全国土地出让收入累计 5.3 万亿元。土地的价值越来越得到充分体现，地方政府开始"以地生财"，城市房价跟着水涨船高。为了防止房地产过热，国务院提出了加强房地产市场宏观调控，促进房地产市场健康发展的若干意见，拉响了房地产宏观调控的号角。

2003 年，国务院就将房地产行业定位为国民经济的支柱产业，并在《关于促进房地产市场持续健康发展的通知》中确立了普通商品住房在中国住房供应体系中的主体地位，这带来了两个方面的影响：一方面，中国房地产价格开始迅速攀升，成为拉动国民经济增长的动力，并为地方政府经营城市土地财政提供巨大的盈利空间，成就了中国房地产市场的黄金十年；另一方面，保障性住房占住房供应体系的比重不断下降，直接导致了保障性住房制度的不断萎缩，保障城镇中低收入家庭基本住房权益的能力也大幅降低，城镇中低收入群体住房问题日益严峻。

1998—2003年全国商品住房每平方米的价格只增加了343元。而到了全面实施"促进房地产市场持续健康发展"的第一年——2004年，每平米的房价就比上年暴涨了352元，出现井喷式的飙升势头。随着全国各地的圈地之风愈演愈烈，中央政府不得不在中国第一轮房地产牛市启动之后，第一次采取抑制房地产过热的措施，表明中央政府对房地产的态度由支持转为警惕。接下来的两年，调整住房供应结构、控制住房价格过快上涨以促进房地产业健康发展，并将其纳入了各级政府的经济社会发展工作的目标责任。

2004年，中央政府要求各地于8月31日前将历史遗留问题处理完毕，否则将可能收回土地，纳入国家土地储备体系——这就是所谓的"8.31大限"。此举是中央政府从土地供给上抑制房地产过热的又一举措，城市建设用地的供应开始全面市场化，土地供应的口子开始收紧。但此时，房地产行业增加值占GDP的比重已经达到4.5%，房地产确实成了名副其实的国民经济支柱产业。

虽然政府始终试图在坚持住房市场化的基本方向，不断消除影响居民住房消费的体制性和政策性障碍，完善房地产市场体系的同时，遏制房地产泡沫，满足不同收入家庭的住房需要，并明确任何单位不得以集资、合作建房名义，变相搞实物分房或房地产开发经营。但中央的政策没有提供具体的执行方针，没有得到各地的贯彻实施。房地产的热化导致地方政府为了追求财政收入，忽视了保障性住房的建设。经济适用房的建设从2003年开始出现了负增长（表2.1），与国家的要求相距甚远，有些地方甚至停止了经济适用住房的建设。可以说，保障性住房政策在这段时间内只是一纸空文。

经济适用房占房地产开发投资的比例　　表 2.1

年份	比例
2003 年	6.1%
2004 年	4.1%
2005 年	3.6%

资料来源：国家统计局 2004 年统计年鉴

为解决房地产投资规模和价格上升幅度过大的问题，2005 年成为房地产史上的首个大举"宏观调控"之年。政府提出了"国八条"，稳定房价不再是单纯的经济调控，第一次提出建立政府负责制，此后也出台了不少政策对房地产市场进行宏观调控，但是从市场层面来说，实际效果并不理想，在各方利益的不断博弈中，政府的各项政策也在执行中慢慢消融[24]。房价在经过短暂停顿后出现报复性上涨，价格与成交量双双上升。2007 年，《中华人民共和国物权法》通过，规定"住宅建设用地使用权期间届满的，自动续期"。作为确认财产、利用财产和保护财产的基本法律，物权法打消了民众对 70 年使用期满后国家回收土地的顾虑，对房产市场具有深远的影响。此时，中国的房价已经陷入"越调越涨"怪圈，2007 年成为中国住房商品化 10 年中房价最为突飞猛进的一年，2008 年受到经济危机影响，全国住宅商品房平均价格略有下降。2008—2018 年，房地产市场再次迅猛发展，迎来房地产的黄金十年（图 2.4）。

虽然此阶段商品房的迅猛发展使保障房的建设几乎陷于停滞甚至倒退，但中国仍然在保障性住房的制度上进行了一定的完善，中央进一步修订了经济适用住房政策，扩大投资规模。随着商品房价格飞涨，经济适用房制度受到了很大的质疑，低收入阶层住房困难问题越发突出，要求加强廉租房建设的呼声越来越高。国家终于认

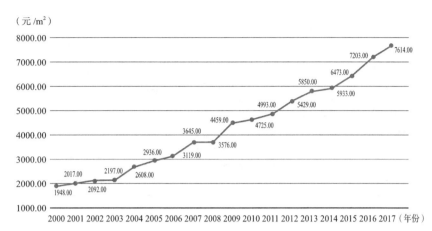

图 2.4　2000—2017 年全国住宅商品房平均销售价格

识到忽视保障房的建设是房地产市场屡次调试失败的原因之一，开始改变重市场轻保障的政策导向，提出了廉租房制度的具体细则。2006 年，国务院要求地方政府将土地出让净收益的部分按一定比例用于廉租住房制度建设。根据建设部通报的《2006 年城镇廉租住房制度建设情况》显示，截至 2006 年底，已累计有 50 余万户低收入家庭通过廉租房政策改善了住房条件（表 2.2）。此外，全国累计用于廉租房建设的资金为 70.8 亿元，仅 2006 年一年就达到 23.4 亿元，占 1999 年以来累计筹集资金的 1/3。廉租房的投入和数量虽然大大增加，值得肯定，但由于标准严格，大量被排斥在租住标准之外的人群仍然无力购买住房，能改善住房条件的低收入人群数量还是太少[25]。

2006 年城镇廉租住房建设成效　　　　表 2.2

租赁补贴家庭	实物配租家庭	租金核减家庭	其他方式	合计
16.7 万户	7.7 万户	27.9 万户	2.4 万户	54.7 万户

整体看来，2003—2007 年之间，房地产行业迎来了黄金发展时期，绝大多数城镇家庭被推向了商品房市场（图 2.5）。

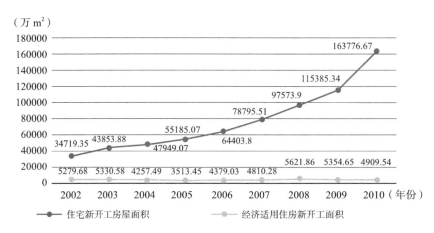

图 2.5 2002—2010 年经济适用住房与住宅新开工房屋面积走势比较

中国的城镇住房保障制度相对弱化，进入收缩阶段，保障性住房的建设大幅度萎缩。不断上涨的房价和萎缩的保障性住房建设使城镇中低收入家庭住房困难日益严重，严重影响了中低收入家庭基本的住房需求，住房问题逐步演化成影响社会安定和谐的重大民生问题。

2.5 第五阶段：回归保障性住房民生的改革阶段（2007 年至今）

2008 年之前的五年，既是房地产业快速发展的"黄金五年"，也是保障房建设被忽视的五年。房地产开发商和地方政府从中分割了大部分利益，地产商开始占领中国富豪榜的多数席位。在中国的住房制度从计划到市场的剧烈转型中，政府某种意义上忽视了自身的主体责任。房改的根本目的是通过回归房屋的商品属性，激发各个阶层的潜力，让国民改善居住条件。政府并不应该成为这场地产利益盛宴的参与者，将中低收入阶层排斥在住房制度改革的红利之外,而应该是规则的制定者,确保这个规则能让各个阶层受益。意识到这个问题,自 2007 年起中央加大对保障房建设的支持力度,把住房保障工作列为政府的重要职责,住房政策重归民生,极大地改善了中低收入阶层的住房条件。

2.5.1 本阶段重要的文件与事件

2007 年 8 月 7 日,国务院《关于解决城市低收入家庭住房困难的若干意见》(国 24 号文),把解决低收入家庭的住房问题放在了突出位置[26]。接着颁布了廉租住房、廉租房资金、经适房、经适房贷款管理办法等一系列相关政策,从明确廉租房、经济适用住房的资金来源、优惠政策、申购条件等角度完善保障性住房制度。

2007 年 12 月 5 日,建设部等五部委联合印发《关于改善农民工居住条件的指导意见》的通知,将农民工作为城市中的一个特殊群体给予特殊关注,强调将其住房问题纳入城市规划。同年,国务院发布《关于解决城市低收入家庭住房困难的若干意见》,减小城市低收入家庭住房困难,治理城市中出现的脏乱差区域,这些城市棚户区严重影响城市化的进程,以及城市人文风貌建设。文件要求各地政府要开始大范围、大力度因地制宜开展棚户区改造项目,棚户区改造住房也被纳入国家保障性住房。

2008 年 3 月 3 日,财政部和国家税务总局印发《关于廉租住房、经济适用住房和住房租赁有关税收政策的通知》,明确了支持廉租住房、经济适用住房建设,支持住房租赁市场发展的税收政策。3 月 5 日,温家宝在政府工作报告中首次提出"抓紧建立住房保障体系":健全廉租住房制度、加强经济适用住房的建设和管理,解决城市低收入群众住房困难,较大幅度地增加廉租住房建设等方面的财政支出。

2008年，一场由美国次贷危机引发的金融危机席卷了全球，危机也给中国经济带来了巨大潜在的风险，房地产市场遭遇了前所未有的低迷。为了避免全球金融危机对中国经济的影响，11月19日的国务院常务会议上确定了进一步扩大内需，促进经济增长的10项措施。据测算，房地产作为"重要的支柱产业"，每增加100万m^2建筑量，就能吸纳30万人的就业，增加钢材2万t、门窗8万套以及2万套左右的卫生洁具需求量。仅北京一年800万m^2保障房的开工计划，就能解决240万人就业，带动钢材、水泥等市场需求。正是由于房地产关联度高，为了扩内需、保民生，加快保障性安居工程在4万亿投资计划中占据了首位。12月20日，国务院发布《关于促进房地产市场健康发展的若干意见》，要求加大保障性住房建设力度，进一步鼓励普通商品住房消费，强化地方政府稳定房地产市场的职责。

2008年，国务院办公厅发布《关于促进房地产市场健康发展的若干意见》提出要用3年时间基本解决240万户林区、垦区、煤矿棚户区等居民住房改造问题。

2009年底，住建部发布《关于推进城市和国有工矿棚户区改造工作的指导意见》指出，要求棚户区改造与廉租住房、经济适用住房建设结合起来建设，用5年左右时间基本完成集中成片的棚户区改造。

2009年5月，住建部印发《2009—2011年廉租住房保障规划》，目的在于推进廉租房制度建设，增加廉租房数量，完善资金补贴办法，健全住房保障体系。其中尤以廉租房为重点，对保障方式、保障标准、资金筹措、土地供应、监督管理等均作出了明确的规定。确定3年内分别解决260万户、245万户和204万户城市低收入家庭的住房问题[27]。

与此同时，在诸多"救市"政策的刺激下，楼市由回暖到炙热，到了年底，成交量持续攀高，有些一线城市的房价一发不可收拾。2009年12月中央经济工作会议上，房地产多年来第一次不再被当作支柱产业来描述。国务院常务会议提出增加供给、抑制投机、加强监管、推进保障房建设等四大举措，被称为"国四条"。在这样的情况下，2010年成为房地产调控年，颁布了一系列市场调控政策和保障性住房政策（表2.3）。

2010年国家调控房地产的主要措施 表2.3

时间	事件/政策	措施与影响
1月7日	国务院《关于促进房地产市场平稳健康发展的通知》	加快中低价位、中小套型普通商品住房建设；增加限价商品住房、经济适用住房、公共租赁住房供应；拉开了本轮房地产调控的序幕
3月10日	国土资源部《关于加强房地产用地供应和监管有关问题的通知》	确保保障性住房、棚户改造和自住形中小套型商品房建房用地不低于住房建设用地供应总量的70%；严格土地出让最低价即土地出让合同管理
4月17日	国务院"新国十条"——《关于坚决遏制部分城市房价过快上涨的通知》	坚决遏制部分城市房价过快上涨；调控楼市的10项具体措施；确保完成保障性安居工程建设目标
9月21日	国务院《关于进一步加强房地产用地和建设管理调控的通知》	囤地企业被禁止拿地；建设用地监管愈加严厉
9月29日	9.29新政	细化"新国十条"；差别化的房贷政策，暂停发放第三套房贷；加快保障房的建设；房产税改革试点扩大到全国范围
11月15日	外汇局："限外令"——《关于进一步规范境外机构和个人购房管理的通知》	限制境外个人及机构在境内购房；防范海外热钱进入中国楼市

续表

时间	事件/政策	措施与影响
1月18日、2月25日、5月10日、10月13日、11月16日、11月29日	央行先后6次上调存款类金融机构人民币存款准备金率	商业银行可提供放款能力下降；收缩流动性；配合楼市降温
10月20日 12月25日	央行年内两次加息	直接提高开发贷款和个人房贷的成本；抑制房价过快上涨

资料来源：2010年国务院等部门颁布的各项政策

在大力调控房价的同时，中央对保障性住房政策的贯彻落实也越来越重视。

2010年6月8日，七部门联合发布《关于加快发展公共租赁住房的指导意见》，明确了公共租赁住房的供应对象，将公共租赁住房建设纳入2010—2012年保障性住房建设规划和"十二五"住房保障规划。

2011年1月26日，国务院再度推出8条房地产市场调控措施，提出推进保障房建设。逐步把镇纳入保障范围，增加公共租赁住房供应。5月13日，国土资源部发布《2011年全国住房用地供应计划公告》，各地汇报显示，2011年全国住房用地计划供应21.8万 hm^2，与2010年计划的18.47万 hm^2 相比，增加了18%。其中，2011年保障性安居工程用地计划7.74万 hm^2，占住房用地供应计划的35.5%，与2010年计划的6.58万 hm^2 相比，增加了17.6%（图2.6）。基于前两年住房用地实际供应均低于计划，2011年实际落实量仅为计划量的62.40%的情况，2012年的住房计划用地降至17.26万 hm^2，而保障性安居工程计划用地却增至13.68万 hm^2，占住房用地计划的79.26%。

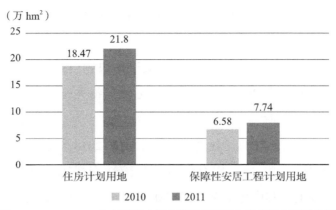

图 2.6　2010—2012 年保障性安居工程计划用地与住房计划用地比较

2011 年 9 月 30 日，国务院发布《关于保障性安居工程建设和管理的指导意见》，将未来保障房建设推向公租房。保障对象开始关注新就业职工和打工人员。

2012 年 6 月 20 日，国土资源部联合四单位下发《关于鼓励民间资本参与保障性安居工程建设有关问题的通知》，开始在各类保障房建设中放开对社会资金的管制，吸收民间资本，拓展资金来源。7 月 15 日，《公共租赁住房管理办法》经住建部批准开始施行。对公共租赁住房的保障对象、申请程序等要素进行了规定[28]。

同年，住建部发布《关于加快推进棚户区（危旧房）改造的通知》，将棚户区改造作为保障性住房建设的重要内容，"十二五"期间城市棚户区改造和原居民住房改建工程，统一纳入国家城镇保障性安居工程规划计划。

2013 年 4 月 3 日，住房城乡建设部发布《关于做好 2013 年城镇保障性安居工程工作的通知》：基本建成 470 万套、新开工 630 万套，推进棚户区改造。7 月 12 日，国务院发布《关于加快棚户区改造工作的意见》，决定全面推进各类棚户区改造。12 月 2 日，住建部等部门发布《关于公共租赁住房和廉租住房并轨运行的通知》，要求从2014年起,各地公共租赁住房和廉租住房并轨运行,并轨后统称为公共租赁住房。

2013年,国务院发布《国务院关于加快棚户区改造工作的意见》,提出要求在2013—2017年内完成改各类棚户区改造1000万户。

2014年4月22日,住建部《关于做好2014年住房保障工作的通知》中提到,2014年全国城镇保障性安居工程计划新开工700万套以上,其中各类棚户区470万套以上。要求地方政府完成2013—2017年棚户区改造规划编制,落实项目;完善住房保障和供应体系,创新棚户区改造融资机制等。积极探索发展共有产权住房;推进公共租赁住房和廉租住房并轨运行,把廉租住房全部纳入公共租赁住房;开展进城落户农民住房保障需求研究。

2014年6月24日,住房城乡建设部发布《关于并轨后公共租赁住房有关运行管理工作的意见》,明确并轨后公共租赁住房的保障对象,包括原廉租住房保障对象和原公共租赁住房保障对象。

2015年,国务院发布《国务院关于进一步做好城镇棚户区和城乡危房改造及配套基础设施建设有关工作的意见》,制定城镇棚户区和城乡危房改造及配套基础设施建设三年计划,2015—2017年,改造包括城市危房、城中村在内的各类棚户区住房1800万套。

2015年4月21日,财政部联合各部门颁发《关于运用政府和社会资本合作模式推进公共租赁住房投资建设和运营管理的通知》,指出公共租赁住房政府和社会资本合作项目的基本模式,作为一项政策创新和制度创新,对稳增长、惠民生有着十分重要的意义。6月25日,国务院下发《关于进一步做好城镇棚户区和城乡危房改造及配套基础设施建设有关工作的意见》,加大改造建设力度,创新融资机制,棚户区改造货币补贴化成为接下来工作的重点。

2015年末,"十二五"期间3600万套保障性住房的计划已基本落实。国家统计局数据显示,商品房待售面积已达7.18亿 m²,有专家预测中国楼市去库存需要6—7年时间。随着"去库存"成为中国房地产业的主要任务,"十三五"期间住房保障制度的建设重点也将相应调整。

2016年2月,财政局及国家税务总局联合发布《两部门关于公共租赁住房税收优惠政策的通知》,继续对公租房建设和运营给予税收优惠政策措施,对公租房建设期间用地及公租房建成后占地免征城镇土地使用税。对经营管理公租房单位免除征收建设、管理公共租赁住房涉及的印花税。在其他住房建设配套中加入公共租赁住房建设,根据政府部门提出的相关材料,按照公租房建设面积与建筑总面积的占比免除征收建设、管理公共租赁住房涉及的城镇土地使用税及印花税。对企业事业单位、社会团体以及其他组织转让旧房作为公共租赁住房房源,且增值额未超过扣除项目金额20%的,免征土地增值税。

2016年6月3日,国务院办公厅以国办发〔2016〕39号文形式发布了《关于加快培育和发展住房租赁市场的若干意见》。随后各地出台了相应的文件。这是国家层面首次对租赁市场出台规范性文件。

2017年1月,财政部发布《中央财政城镇保障性安居工程专项资金管理办法》的通知,中央财政通过专项转移支付安排的资金,用于支持各地发放租赁补贴、城市棚户区改造及公共租赁住房建设。

2017年,根据《中共中央国务院关于进一步加强城市规划建设管理工作的若干意见》提出的要求,对接下来的三年,国务院提出了新一轮"三年棚改攻坚计划"。目标是2018—2020年,中国将再完成棚户区改造 1500 万套。

2017 年 3 月,国务院公布《"十三五"推进基本公共服务均等化规划》指出,实行实物保障与租赁补贴并举进行,推行公租房货币化。对城镇中新就业、创业的大学生,青年教师,稳定就业的外来务工人员以及专业技术人员符合当地公租房准入条件的,纳入公租房保障范围。

2017 年 10 月,住建部在《关于政协全国十二届委员会第五次会议第 0625 号答复的函》中提出关于健全保障性住房的准入和退出机制,要求各地区因地制宜根据当地经济发展情况、居民收入、住房状况以确定保障对象准入条件的具体标准,并向社会公开公布。完善住房保障申请、审核、公示、轮候、复核制度,切实防范并严查骗租骗购保障性住房的行为。加强退出机制,督促地方强化动态管理,加强信息系统自动监测、群众举报查实等途径,建立住房保障、社区、公安等部门协同配合机制,随时掌握保障对象资格条件变化。建立失信惩戒机制,对用不正当手段骗取保障用房的予以警告、罚款退出处理。

2019 年 1 月,财政部和住房城乡建设部联合发布《公共租赁住房资产管理暂行办法》,地方各级住房保障主管部门组织编制本级政府公租房资产配置计划,公租房资产配置计划随同部门预算一同上报财政部门,申请资金纳入部门预算。公租房资产将不可作为建设单位融资抵押物。

2019 年 4 月,中央人民政府发布《关于下达 2019 年中央财政城镇保障性安居工程专项资金预算的通知》提出,按照《中央财政城镇保障性安居工程专项资金管理办法》分配下达 2019 年中央财政城镇保障性安居工程专项资金,根据财政部测算的均衡性转移支付财政困难程度系数、租赁补贴和棚户区改造 2019 年任务计划情况，对落实棚户区改造真抓实干的地方给予表扬激励并发放保障性安居工程专项资金。

2.5.2 保障方式新的发展方向

客观地说，中国自1998年正式推行住房制度改革的10年以来，大多数百姓分享到了改革成果，住房条件大大改善，这一点有目共睹，不容否认。自2007年开始，中国进入保障房时代，各类保障房依次推出，切实提高了中低收入阶层的住房水平，并逐步完善保障性住房制度，拓宽金融渠道，真正落实了保民生的房改目标。

2007年以来，政府在不断调控房价的同时，已经意识到住房保障的短缺正在加剧市场失衡。政府对房价问题有了新的认识，对控制房价的路径就有了新的选择。强化政府住房保障职能，加快建立和完善适合中国国情的住房保障制度，切实保障城镇最低收入家庭基本住房需求势在必行。于是，2007—2015年这段时间成为改革开放以来中国保障性住房政策实施力度最强的时期，全国的保障性住房建设都取得了突破性进展。

2007年《关于解决城市低收入家庭住房困难的若干意见》（国24号文）的重装出场让城镇住房保障问题得到了空前的关注。"24号文"把解决城市低收入家庭住房困难作为维护群众利益的重要工作和住房制度改革的重要内容，重新调整中国住宅产业的发展方向。加快建立以健全廉租住房制度为重点，多渠道解决城市低收入家庭住房困难的政策体系成为政府公共服务的一项重要职责。这一政策虽未提及具体如何对中低收入阶层进行住房保障，但表明了政府的决心。纠正了中国住房体制改革过度市场化的趋势，重新确立了中国城镇保障性住房制度的基本框架，是中国城镇保障性住房制度发展的里程碑事件。

2007年,全国廉租住房投入近94亿元。2007年12月,北京组织了第一批廉租住房摇号,65岁的李文才中签后泪流满面,成为当日多家报纸的头版头条。李文才的新居面积不大,但是简单却不简陋,阳台、厨房、卧室、起居室、厕所等应有尽有,而且南向,阳光明媚。廉租住房虽只有50m²,但"麻雀虽小,五脏俱全",政府已经装好了热水器和各种洁具。①

2008年第二季度,中央下达廉租住房补贴资金68亿元,第四季度又追加75亿元。除此之外,中西部地区获得了81亿元的专项资金用于廉租住房租赁补贴和新建廉租住房建设;东北三省的地方煤矿棚户区获得了16.8亿元的建设资金用于配套基础设施工程的改造。全国对廉租房的投资超过了2007年底之前累计投资的总和,2008年这一年,新增廉租住房63万套,发放租赁补贴249万户,中央支持地方解决城市低收入家庭住房困难问题的决心可见一斑。

2008年6月,湖南长沙的"低保户""无房户"阙女士通过入住政府提供的廉租房圆了自己的安居梦。这批廉租房租金仅为市内住房租金均价的1/10左右,廉租房月租金每平方米仅1元多钱。阙女士感慨:"我之前租的17m²房屋每月还要200多元,而40m²的廉租房房租和物业费加在一块都不到100元,我的经济压力要小很多了。"②

---

① 祁智.2007年廉租房解决困难户数量超过前9年总和[N/OL].中国新闻网,2008-03-17. http://www.chinanews.com/estate/zcfg/news/2008/03-17/1193718.shtml.

② 李佳鹏.改革开放30年住房改革开启中国人居新时代[N/OL].经济参改报,2008-11-21. http://jjckb.xinhuanet.com/gnyw/2008-11/21/content_129705.htm.

金融危机以来，房地产市场进入调整期，全国各大城市加大保障性住房建设力度，成为激活经济增长的有效措施。中央加大了对廉租住房建设的支持，但截至2008年底，全国还有747万户城市低收入住房困难家庭，从总体上看，廉租住房建设仍然处于起步阶段。接下来的三年，各地政府按中央部署，承担起保障城镇低收入家庭住房的责任，制定规划计划，落实投资渠道，保障性住房建设呈现出前所未有的发展态势。

2010年，"新国十条"的出台让保障性住房建设成为政策重心所在，全国当年各类保障性住房和棚户区改造住房实际开工590万套，基本建成370万套，超额完成了国务院部署的任务，很多城市实现了低保住房困难家庭廉租住房保障的全覆盖。可以说，直到2010年，中国保障性住房建设才真正步入正轨，之前一直停滞的住房保障有了较为完善的规划。

2010年的《关于加快发展公共租赁住房的指导意见》要求大力发展公共租赁住房，完善住房供应体系。这是公租房首次在国家层面被提及，正式将公共租赁住房推至保障性住房的风口。当时廉租房、经济适用住房以及商品房之间出现比较严重的"夹心层"问题。廉租房只面向最低收入群体，而经济实用性住房比较适合中等收入、有一定支付能力的人群，但价格仍然偏高，甚至部分地区经适房与商品房价格相差无几。由此衍生出"夹心层"人群，即收入超过廉租房租赁条件却买不起经济适用房的群体。公共租赁房的出现，扩大的保障范围，主要面对中等以下收入群体出租。

2010年8月23日，苏州工业园园区首个新建优租房小区锦程之星公寓正式启用。拥有864套住房的锦程公寓，可使2000名园区人得到安置。这将进一步缓解园区人才与"优租房"的供需矛盾，有效地解决青年人才创业"居住难"问题。

在此工作的徐科与夫人搬进了崭新的公寓，正式告别了"蜗居"生活。作为公共租赁住房的一种形式，园区的"优租房"制度更加坚定了他扎根园区的决心。公寓每月1200元的租金比周边公寓的租金低了不少，对徐科夫妻俩来说已是相当划算。对于刚开始工作尚不具备买房经济能力，同时又需要一个品质相对较高的居住环境的徐科来说，这是他们最好的选择。"政府不会给我们抬价，租赁合同一签就是2年，住得特别放心。"①

2011年全国保障性住房建设的目标约1000万套，大幅提升。其中各类棚户区改造大约为415万套，公共租赁住房227万套，廉租房165万套，经济适用房110万套，限价房83万套（图2.7）。"十二五"开局之年（2011年），保障性住房建设全面提速，其覆盖面从2008年的不足4%提高到11%。中央财政补助力度不断加大，2007—2011年累计下拨补助资金3256亿元，分年度看，分别为51亿元、184亿元、501亿元、811亿元、1709亿元[29]。最终实际开工1043万套，基本建成432万套，超额完成了计划开工1000万套的任务（图2.8）。

2012年计划建设700万套保障性住房，新增保障性住房有所下降，但政策的实施力度并未减弱，保障房新增用地将加速报批。公共租赁住房成为保障性安居工程建设的重点，中央将加大资金的补助力度，不低于2011年1526亿元的标准。

根据住房和城乡建设部每年公布的保障性住房相关数据，笔者

---

① 童亦弟.公租房圆"新苏州"一个住房梦[N].中国建设报，2010-9-1.

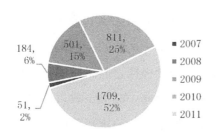

图 2.7 2007—2011 年保障性安居工程补助资金 / 万元

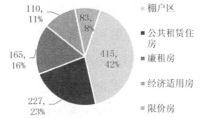

图 2.8 2011 年保障性住房建设目标 / 万套

统计了 2009—2015 年的建设情况，这 6 年，保障性住房已基本建成 3613 万套（图 2.9）。

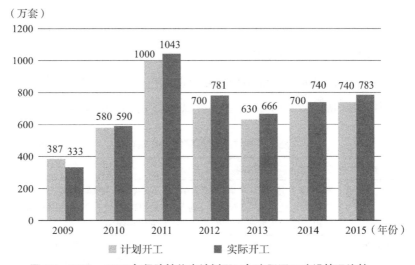

图 2.9 2009—2015 年保障性住房计划开工与实际开工建设情况比较

2012 年，建设部修订了新的《公共租赁住房管理办法》，2013 年底，中央开始推进公共租赁住房与廉租住房的并轨。廉租住房将并入公共租赁住房，合并后统称公共租赁住房。同时廉租房的建设计划也一同并入公租房年度建设计划中，此前已经列入廉租住房建设计划的项目继续建设，建成后全部纳入公共租赁住房进行管理。

作为保障性安居工程的主要组成部分，廉租住房和公共租赁住房在以往发挥着重要作用的同时，也出现了一些问题：一是两者虽都属于租赁型保障房，但面向的群体不完全一样，其平行运营过程中申请人容易出现混淆问题。公租房主要面向中等偏下收入住房困难家庭、新就业职工和有稳定职业并在城市居住一定年限的外来务工人员；廉租房主要针对具有户籍的低收入住房困难家庭，申请人容易混淆；二是部分地方出现了保障房与保障对象不相匹配的情况；三是以往的平行运行不利于两者制度间的政策衔接，由于保障人群的条件存在差距，廉租房要求门槛相对较高，公租房则范围更大，廉租房租金远远低于公租房。在申请时需分别申请、排队，给老百姓带来了不必要的麻烦。两种保障房不能调剂使用，在一定程度上也造成资源的闲置浪费。

在这样的背景下，住房城乡建设部起草了《关于公共租赁住房和廉租住房并轨运行的通知》，主要有以下几个方面的内容（表2.4）。

公共租赁住房和廉租住房并轨前后 表2.4

方面	并轨前	并轨后
政策优惠力度	廉租房土地供应采取划拨方式；公租房土地供应采取出让、划拨、出租、作价入股等多种形式	在现行政策框架内选用适当的土地供应方式；以前的财税优惠政策仍将保留
住房保障投资力度	分别制定年度建设计划；分别下达补助资金	统一按公租房制定年度计划，建设量涵盖原公租房和廉租房
建设标准	廉租房 50m² 以内；公租房 60m² 以内	合理配置不同户型，主要建设小户型住房，严禁面积超标
房源管理及配租	各有一套管理系统	逐步并入公租房统一管理；从低端保起
房租补贴	—	动态租金调整差别补偿机制；已分配入住的廉租房，租金仍按原有标准执行

资料来源：住房和城乡建设部《关于公共租赁住房和廉租住房并轨运行的通知》

公共租赁住房和廉租住房并轨运行是完善住房保障制度体系、提高保障性住房资源配置效率的有效措施，其优点在于：

首先，并轨可以降低保障房管理成本。比如，原来的住房公积金增值收益只能用作廉租住房补充资金，但一些城市没有那么多的廉租房需求，这笔资金就没有充分发挥作用。并轨则为统筹使用这些资金打开一个政策通道。

其次，并轨以后会适度扩大保障覆盖面。将两者并轨，一方面有利于这两类人群的住房保障实现无缝对接，避免形成所谓"夹心层"；另一方面，有利于建立较好的住房保障退出机制。比如，当一个人收入增加了，不具备居住廉租住房的条件，可以直接提高租金水平，不必搬走；直到连公租房的条件也不再符合的时候再让他搬出来。

两者并轨后，对公共租赁住房建设的政策支持及住房保障投资力度不会削减，在不减少建设用地供应总量的前提下，地方可以根据需要在现行政策框架内选用适当的土地供应方式。并轨前的廉租住房和公共租赁住房财税优惠政策仍将保留。地方政府要将原来用于廉租住房建设的资金调整到公共租赁住房建设投资；廉租户在市场上租赁住房享受的租赁补贴继续发放。

公共租赁住房建设因其覆盖面较广泛，自出现以来一直被视为城市中低收入群体解决居住问题的一项重要福利性工程。为能满足更多选择公租房群体的住房要求，公共租赁住房本身也会因地制宜作出建设方式调整。2017年，北京市出现一批更适合年轻人居住、租金更便宜的小户型公租房。北上广深这样的一线城市居住环境设施完善、经济发达、机遇较丰富，更能吸引到年轻人们的青睐。在这些城市打拼的年轻人最大的压力是居住问题，所以一些青年单身人士或情侣更偏向于小户型公租房。为此《北京市公共租赁住房建设与评价标准》已开始实施。标准放开了"最小不得低于22m²"的面积限制，为申请者提供更多的户型选择，这意味着小户型经过集约化设计，不仅房租便宜而且使用功能也能满足租户需要。麻雀虽小，五脏俱全的小户型公租房就此产生。由此可见，公租房的建设并不是印象中的设施简陋，一成不变，它也可以因地制宜地改变设计手法，以更加合理的方式顺应城市环境，满足人居条件。

据住建部文件显示，北京在保障性住房建设中坚持数量与品质并重原则，稳步提升工程品质，2018年，北京市有6个保障房项目荣获中国土木工程詹天佑奖。

整体来看公租房在解决城市中低收入群体的居住问题中成绩相当可观，但在个别地区公租房发展不平衡、不充分的问题仍很突出，部分大中城市公租房保障需求量大，但保障覆盖面较低，为拓宽户籍家庭住房保障的覆盖面，保证更多城镇低收入群体享受到保障性住房政策，全国多个地区持续降低保障性住房准入门槛。以广州为例，从2009年7680元/年到2018年35600元/年，九年间广州市公租房收入线的准入标准增幅达364.32%。广州户籍的三口之家，申请公租房的收入标准线额，将从现阶段（2015—2018年）的29434元/年，提高到35660元/年，提高6226元。比征求意见稿中的33300元/年还提高了2360元。这意味着更多"临界"中低收入户籍家庭符合标准，从而获得了申请资格。

保障性安居工程是一项着力解决城市中低收入群体居住问题的便民工程，具体建设任务基本是由国务院或住建部发布相关文件后，各地区根据文件要求逐步落实。由于各地区实际情况差异较大，国务院根据当地情况因地制宜地在可完成文件任务的基础上，对营销模式进行优化处理，这样在解决群众居住的问题上更能起到事半功倍的效果。

2015年,天津市海滨新区开工建设各类保障性住房5000套,同时,其最具特色的保障房共有产权营销模式试点已经启动。该模式就是在商品房的销售中,购房人通过支付首付及办理贷款的方式先行购买八成产权,剩余两成产权由开发企业暂时保管,并由购房人按照协议约定在一定期限内回购。这一举措降低了购房门槛,缓解了城市中"夹心层"的购房压力。

在解决外来人口和"夹心层"住房难问题上,滨海新区推出了别具特色的订单式限价商品房,"按需"建设、销售,在滨海新区就业、签订劳动合同的单位职工中住房困难的有条件申请。该房型在定价机制上采取成本测算法,限制地价,将开发商利润限定在5%左右,销售均价大致比同区域商品房价低25%左右。

2016年对中国房地产市场来说是一个有特殊意义的开元之年,长租公寓的横空出世将国内各大顶尖地产公司的目光聚集于一点。就现在来看,长租公寓并没有给开发商们取得很好的经济效益,但各路纷纷加入这场竞争的欲望势不可挡。自2016年6月3日,国务院办公厅发布首个国家层面针对租赁市场出台的文件《关于加快培育和发展住房租赁市场的若干意见》后,长租公寓如破竹之势发展起来。除平安好房推出"安安租"之外,58同城、91租房、魔方基金、海尔等也进入这个生态圈,从不同的方向为长租公寓提供服务。近期地产企业较大的动作与之前也大不一样,与"地王""房价暴涨""限购限贷"都没有太大关系。建业集团斥资千万投资本土长租公寓,融创入股长租公寓巨头——北京链家。绿地对外宣布2017年会上一大批长租公寓,部分新建,部分直接将自家办公楼改造为酒店公寓。龙湖挖走与其谈合作的公寓人员进军自己的长租公寓"冠寓"。万科的"泊寓"、碧桂园的"BIG+碧家国际社区"、保利的"N+公寓"以及中海、招商蛇口、华润、世联行等诸多开发商都在布局或涉足长租公寓。

为何现在长租公寓会成为整个房地产市场的爱宠？首先对一线城市，未来租房将成为人们必须接受的居住形式。一线城市将会变成存量市场，新房新地的开发空间非常狭小。二手房和租赁住房将成为主流。根据链家提供数据显示，就中、日、美三国租赁市场来比较，美国租赁市场交易额占整个房地产市场交易额的50%，日本高达80%，中国只有7%，而且中国的房屋自持率也远高于美国、日本，可见未来中国租赁市场的发展空间异常庞大。其次，开发商本来就具有得天独厚的优势条件，房价在不断上涨，新增面积跟不上市场需求，土地出让要求自持已是必然。开发商们可在新建项目设计阶段时就把自持面积设计为出租公寓。而且大部分开发商都拥有自己的物业公司，加上国务院出台文件提出"建立购租并举的住房制度"，明确把租房纳入房地产市场长期的发展目标，并且要建立长效机制，开发商们入住长租公寓也是顺理成章的决定。

"十二五"后期，中国住房保障的重点落在了棚户区改造上。中央持续加大城镇棚户区和城乡危房改造力度，提出了关于棚户区改造的五年计划：2013—2017年改造各类棚户区1000万户。

2015年后，经济适用房由于多方面负面影响及矛盾阻力逐渐淡出保障性安居工程。公租房和棚户区改造在保障性安居工程中独当一面。尤其是棚户区改造，在经济适用房建设量日渐消逝的情况下，作为此时增加保障性住房最强有力的庞大便民工程，正在如火如荼地进行。这便出现了改造量爆炸性增长的三年棚改行动计划。

棚户区改造工程自2013年以来成为保障性安居工程建设的主力军。2015年，国务院下发文件《国务院关于进一步做好城镇棚户区和城乡危房改造及配套基础设施建设有关工作的意见》提出，2015—2017年，改造包括城市危房、城中村在内的各类棚户区住房 1800 万套（其中 2015 年 580 万套），农村危房 1060 万户（其中 2015 年 432 万户），加大棚改配套基础设施建设力度，棚户区改造工程开始第一个棚改三年行动计划。在此之前棚户区改造就早已着手区域性建设。2005 年，住建部首次出台针对棚户区改造项目文件，要求从东三省地区开始实施棚户区改造政策，到 2008 年，各个地区、相关政府部门将棚户区改造这一项目全方位、大规模地推进实施。后为了进一步加大改造力度，提升改造效率，国务院提出要求，在 2013—2017 年内完成改各类棚户区改造 1000 万户（图 2.10）。

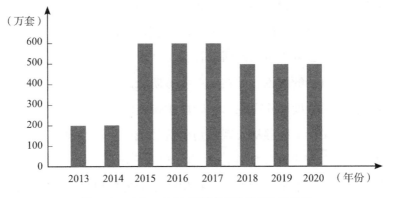

图 2.10　2013—2020 年棚户区改造年均任务量

到 2017 年底，三年棚改计划中，2015 年棚改开工 601 万户，2016 年棚改开工 606 万套，2017 年棚改开工 609 万套，三年棚改任务顺利完成。第一轮棚户区三年计划按时完成，达到棚户区三年改造 1800 万套目标。对接下来的三年，国务院提出新一轮"三年棚改攻坚计划"，目标是 2018—2020 年再改造 1500 万户，棚户区改造继续攻坚。时至今日，城镇棚户区改造任务基本完成，累计 1 亿多棚户区居民"出棚进楼"。棚户区改造三年攻坚计划已接近尾声，各地区按照改造任务仍在持续推进中。

2.6 本章小结

本章系统地分析了中华人民共和国成立后住房制度改革的发展历程，将其分为五个阶段：单位大院——全社会保障阶段（1950—1978年）；住房制度改革摸索阶段（1978—1994年）；住房制度改革推进阶段（1994—2002年）；住房制度改革深化阶段（2002—2007年）；新常态下的住房制度改革阶段（2007年至今）。从中总结出住房改革主要路径是：从全面福利过渡到市场主导又转向民生主导。国内很多学者就此历程也提出了各种划分方式，本文相对而言，通过详细的文献资料、国务院及各部委各种通知政策分析，结合相关公务人员的调研及社会上实时发生的重要社会事件报道，作出了自己的结论。并在简单划分阶段的基础上，进一步分析了保障性住房制度和建设在每个阶段中扮演的角色和发展的重点。

本章意义在于能够从宏观的角度看待城市关联性视角下的保障房建设，很多现今保障房建设的难点和问题不能就事论事地分析，简单化地指出其不足。例如，廉租房建设为何提出早而实施晚，为什么在某个时期中国保障房建设陷于停滞而只关注商品房市场，为什么要在短短5年内建设3600万套保障房从而带来一系列规划和建筑的缺陷等。把这些问题放到中国住房改革制度的历史进程中，就能更全面地从社会、政治、经济、民生、市民的思想等角度得出一些结论。

3 保障性住房在住房制度改革中的供应体系

中国住房保障体系主要包括经济适用房、廉租住房、公共租赁房、棚户区改造、城中村等，同时还包括危旧房屋改造和住房公积金制度，这个体系并非是一成不变的，而是动态的，会随着社会背景的改变而调整。本研究从城镇中低收入人群的住房保障供应体系分门别类地进行探讨。

3.1 经济适用住房

经济适用住房是指由政府提供优惠政策，组织房地产开发企业或集资建房单位按照一定的建设标准，限定套型面积和销售价格，面向城镇中低收入住房困难家庭出售的具有保障性质的政策性住宅。

3.1.1 经济适用住房的发展过程

经济适用住房制度是中国早期最主要的保障性住房制度。"经济适用住房"这一理念可追溯到1985年，国家科学技术委员会蓝皮书《城乡住宅建设技术政策要点》中提到："根据中国国情，到2000年争取基本上实现城镇居民每户有一套经济实惠的住宅。"1991年，国务院提出经济实用的住房的概念。这是中国第一次在正式的国家文件中提到与"经济适用房"相近的概念。

1994年，《关于深化城镇住房制度改革的决定》指出，要加快经济适用房建设，使城镇居民住房达到小康水平。第一次明确提出"经济适用住房"这一概念。同年，建设部出台的《城镇经济适用房建设管理办法》正式说明经济适用房是以城镇中低收入家庭为对象，具有保障性质的住房。这成为经济适用房的纲领性文件，为中国经济适用房制度的发展定下了大体的基调，中国自此正式建立起经济适用房制度。

1995年，"国家安居工程实施方案"开启了中国以安居工程为主要形式的经济适用住房的建设。在原有住房建设规模的基础上，计划在5年内新增安居工程建筑1.5亿 m^2。国家对安居工程的定位，包括很多具体制度、内容都与其后的经济适用房制度高度一致，可以说经济适用房与安居工程一脉相承，或者说安居工程就是经济适用房的前身。

1998年，《关于进一步深化城镇住房制度改革加快住房建设的通知》(23号文，以下简称《通知》) 提出"对不同收入家庭实行不同的住房供应政策。最低收入家庭租赁由政府或单位提供的廉租住房；中低收入家庭购买经济适用住房；其他收入高的家庭购买、租赁市场价商品住房。要建立和完善以经济适用住房为主的多层次住房供应体系，重点发展经济适用住房（安居工程），加快解决城镇住房困难居民的住房问题。"《通知》为经济适用房在全国的大力开展制定具体的依据，对其成本构成、利润限制、开发建设、销售管理、政策扶持等作出了原则性的规定。从这时起，经济适用房真正在全国各地如火如荼地开展起来，进入高速发展时期。据统计，1998年全国经济适用房的投资总额为271亿元，占住宅投资总额的13%，同比增长46%。1999年全国经济适用房的投资总额为437亿元，占住宅投资总额的16.55%，同比增长61.4%。

2004年，《经济适用住房管理办法》(以下简称《办法》) 严格限制了经济适用房的面积、供应对象和销售价格，明确规定了相关的优惠政策、开发建设、价格公示、交易和售后管理等。将经济适用房界定为具有保障性质的政策性商品住房,严禁把经济适用房项目变成商品房项目。该《办法》总结了前段时间以来经济适用住房建设中存在的问题和经验,提出了一系列针对性的规范性意见,是首个对经济适用住房进行规范的最全面最重要的法律文件,自此,中国经济适用住房的管理进入了较为完善的阶段。

2006年,《关于调整住房供应结构稳定住房价格的意见》提出新建 $90m^2$(套型面积)以下住宅须达到开发总量 70% 以上,即著名的"9070政策"。

2007年,《关于解决城市低收入困难家庭住房困难的若干意见》要求改进和规范经济适用住房制度,规范供应对象,合理确定建设标准,严格上市交易管理、加强单位集资合作,使经济适用住房建设重回正常发展的轨道。随后,新的《经济适用住房管理办法》颁布。与2004年的旧版本相比,新的《办法》主要有以下变化(表3.1):

新旧《经济适用住房管理办法》比较　　　　　　表3.1

方面	2004年版	2007年版
定义	具有保障性质的政策性商品住房	具有保障性质的政策性住房
供应对象	各地政府因地制宜,分别决策	面向城市低收入住房困难家庭;与廉租住房保障对象相衔接
政策落实	地方政府编制经济适用住房发展规划(年度建设投资计划和用地计划),经济适用住房建设用地纳入当地年度土地供应计划	地方政府目标责任制,在解决城市低收入家庭住房困难发展规划和年度计划中,明确经济适用住房建设规模、项目布局和用地安排等内容,纳入本级国民经济与社会发展规划和住房建设规划
套型面积	中套住房面积在 $80m^2$ 左右;小套住房面积在 $60m^2$ 左右	单套建筑面积 $60m^2$ 左右
价格管理	利润不高于3%	房地产开发企业的经济适用房利润率不高于3%;政府直接组织建设的经济适用房不得有利润

续表

方面	2004年版	2007年版
保障对象家庭收入	符合地方政府划定的收入线标准	符合地方政府划定的低收入家庭收入标准
售后交易	取得房屋所有权证和土地使用证一定年限后，可按市场价上市出售；出售时，按届时同地段普通商品住房与经济适用住房差价的一定比例向政府交纳收益	不满5年，不得直接上市交易；5年后，按届时同地段普通商品住房与经济适用住房差价的一定比例向政府交纳土地收益等相关价款方可出售；也可按政府所定的标准交纳土地收益等相关价款后，取得完全产权
单位集资合作建房	—	各级国家机关一律不得搞单位集资合作建房；房源仍有剩余的，由地方政府统一组织向符合经济适用住房购房条件的家庭出售，或由地方政府以成本价收购后用作廉租住房

新版《办法》强调，经济适用住房是面向城市低收入住房困难家庭而设的政策性保障住房；对各地政府的职责、经济适用住房的建筑面积等，有了更详细的规定。尤其是在经济适用房的售后交易和单位集资合作建房这两个方面，明显更为严苛。在很大程度上减少了经济适用住房的升值空间，遏制了机关单位利用职权谋求私利的行为。这次修订重在细化经济适用住房的各项标准，力图限制那些不属于低收入人群，又想要谋得经济适用房的投机者，规范经济适用住房市场，确保经济适用住房是低收入者的一项福利。

2008年初，《经济适用住房开发信贷管理办法》明确了经济适用住房开发贷款的定位、借贷主体资格，规范了借贷期限和利率管理等，对经济适用住房的建设提供了金融支持，对促进经济适用住房的建设有着重大意义。

2010年，《关于加强经济适用住房管理有关问题的通知》主要针对部分地方经济适用住房存在的准入退出管理机制不完善、日常监管不到位等问题，作出了相关规定。要求严格执行经济适用住房单套建筑面积标准控制在 60m² 左右的规定；住房供需矛盾突出的城市，可适当减小套型建筑面积，以增加供应套数；商品住房价格过高、上涨过快的城市，要大幅度增加经济适用住房供应。

根据国家统计局的数据显示，全国经济适用住房的新开工面积、销售面积、销售额等，均在 2010 年以后停止了统计（图 3.1）。就已有的数据而言，经济适用房自 1998 年以来的高速发展持续 4 年之后放缓，2003 年《国务院关于促进房地产市场持续健康发展的通知》将房地产业定位为拉动国家经济发展的支柱产业之一，经适房的主体地位让位于商品房，2004 年，经济适用住房被改为"具有保障性质的政策性商品住房"，经济适用住房的建设走了 5 年的下坡路。2006 年《关于调整住房供应结构稳定住房价格的意见》硬性规定新建商品房项目中，建筑面积 90m² 以下的套型必须占到 70%，经济适用房的建设始有好转，直到受国际金融危机的影响，经济适用房的建设量又逐步下降。

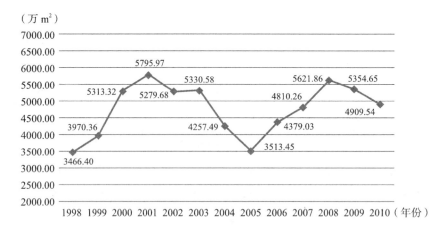

图 3.1　1998—2010 年经济适用房新开工房屋面积

2010—2014 年，中国保障性住房体系作出了一些调整，政府不再就经济适用房制度发布新的相关政策。经济适用房的新开工数量减少，但并未停止，主要任务在去除以往库存。

2014 年政府工作报告指出，增加中小套型商品房和共有产权住房的供应将成为完善住房保障体制的一个重点，并展开了共有产权房这一经济适用住房变种的试点工作。

2015 年 2 月 13 日，住建部副部长齐骥表示，住建部将逐步取消经济适用房的消息并不属实，官方也没有进一步对经济适用房制度的下一步走向作出明确表态①。但北京市、江西省、宁夏回族自治区等地却逐渐明确"十三五"期间将不再建设经济适用住房。

3.1.2 经济适用住房的运作模式及特点

经济适用房通过行政划拨，免收土地出让金，减半征收各种费用，出售价格保本微利等方式，保证以较低价格满足城市中低收入阶层的需求。以 2007 年经适房管理办法为例，有以下特点：

1. 性质：经济适用住房是具有保障性质的政策性住房，属于产权型保障房。

2. 原则：经济性、适用性是基本原则。"保本微利"是其价格原则，有限产权是另一个重要原则。购买不满 5 年的经适房不得直接交易，5 年后要按届时同地段普通商品住房与其差价的一定比例上缴土地收益。

3. 建设标准：单套建筑面积控制在 60m² 左右。地方政府可根据自身情况和因素，确定各套型的比例和总体建设规模[30]。

---

① 辛闻. 住建部回应"逐步取消经济适用房"：没有听说 [N/OL]. 中国网，2015-02-13. http：//news.china.com.cn/2015-02/13/content_34819087.htm.

4. 政策支持：在建设用地上，其建设用地通常为划拨用地，确保优先供应。在项目开发上，免征各种行政事业性收费，免收部分政府性基金。对购房者而言，可提取个人住房公积金和优先办理住房公积金贷款。

5. 涵盖范围：集资、合作建房自2004年起就被纳入了经济适用房的范畴。集资建房是企事业单位为了解决内部职工的住房问题，以拥有的划拨土地建设，按成本价出售给内部职工的房屋，不能在市场上自由流通。其建设标准、优惠政策、上市条件、供应对象的审核等都跟经济适用房一样，并纳入当地经济适用住房建设计划和用地计划管理[31]。

共有产权房从2007年起由江苏省率先展开改革试点。共有产权住房是个人与政府按出资比例，在一定时期内实行政府和购房者共同拥有产权，因此，它属于经济适用住房的一个变种。

总的来说，经过近20年的建设，在政府有计划的安排下，大量经济适用房以较低的价格投入市场，保障了部分中低收入群体的住房需求，对中国房地产市场的健康发展、优化供给结构、防止经济过热，都起到了积极的作用。

3.1.3 经济适用住房的申请条件

根据2007年《经济适用住房管理办法》的规定，申请条件主要包含户籍、家庭收入、住房等几个方面的要求（表3.2）。

在此，笔者比较了几个主要城市的经济适用住房申请条件（表3.3）。

经济适用住房申请条件 表 3.2

申请条件	具体要求	备注
户籍	当地城镇户口	—
家庭收入	符合市、县人民政府划定的低收入家庭收入标准	由各地政府根据当地商品住房价格、居民家庭可支配收入、居住水平和家庭人口结构等因素确定，动态管理，定期向社会公布
住房情况	无房或现住房面积低于市、县人民政府规定的住房困难标准	

不同城市经济适用住房申请条件 表 3.3

城市	时间	户籍条件	家庭收入标准
北京	2009	本市城镇户籍满 3 年，且年满 18 周岁；单身家庭申请人年满 30 周岁	人均住房面积≤10m²； 1 人家庭年收入≤2.27 万元，总资产净值≤24 万元； 2 人家庭年收入≤3.63 万元，总资产净值≤27 万元； 3 人家庭年收入≤4.53 万元，总资产净值≤36 万元； 4 人家庭年收入≤5.29 万元，总资产净值≤45 万元； 5 人家庭年收入≤6 万元，总资产净值≤48 万元
上海	2013	家庭成员在本市实际居住，本市城镇常住户口连续 3 年，申请所在地的城镇常住户口连续 2 年；申请前 5 年内未出售和赠与房屋；单身男性年满 28 周岁、女性年满 25 周岁	人均住房建筑面积≤15m²； 3 人及以上家庭人均年可支配收入≤6 万元，人均财产≤15 万元； 2 人及以下家庭人均年可支配收入和人均财产标准按前述标准上浮 20%，即人均年可支配收入≤7.2 万元，人均财产≤18 万元

3.1.4 经济适用住房发展过程中的主要矛盾

一直以来，经济适用住房作为中国住房供应体系的重要组成部分，担负着解决中国大部分中低收入家庭住房问题的任务。纵观各地的举措，经济适用住房大致包括普通经适房、发放政策性货币补贴、集资合作建房、经济租赁房等。总的说来，经适房完善了中国的住房保障体系，解决了大量中低收入家庭的住房问题；有效缓解了社会矛盾，维护了社会稳定；在一定程度上拉动了内需，促进了国民经济的发展。但是，在承认经适房具有一定历史功绩的同时，也应该意识到，由于经适房本身的复杂性，规范性文件的颁布并不能解决经适房建设和管理领域存在的所有问题，经济适用住房在运行中出现了很多不"经济"现象，导致有一些省市已经停止经适房的市场供应。经济适用住房制度发展过程中主要矛盾有以下几点：

1. 保障范围弹性较大，政策不够清晰。在以往《城镇经济适用房建设管理办法》政策中，经济适用房的保障对象一直定位为城镇中低收入家庭，但2007年的《经济适用住房管理办法》规定经济适用住房面向城市低收入住房困难家庭，与廉租住房保障对象相衔接，明显是有一定矛盾的。在实际操作过程中，低收入住房困难家庭的住房问题通过廉租住房解决，经济适用住房保障的确应该是中低收入阶层的家庭。但有些地方政府对于保障对象家庭收入标准的界定并不科学，导致经济适用住房"名义"上的保障范围似乎很宽，而实际保障范围过窄，真正需要住房的中低收入家庭需求没有完全满足，不少"公务员经适房"及其他不良现象反而趁机出现。有些既达不到廉租房条件，又得不到经济适用房购买许可的中低收入家庭，以及既没有资格买经济适用房，又无力购置商品房的中等收入家庭、新就业职工，成为置身于市场和政府保障之间空白地带的两类"夹心层"群体。

2. 房地产市场价格双轨制产生不公平。在经济适用住房的建设过程中，国家采取了减免税费，给予规划、用地、建设等方面的优惠政策，试图使经济适用住房以较低的价位出售给广大中低收入者。但经适房拥有产权，达到年限后可以有条件上市交易，具有商品性，这种政策导致了价格双轨制的广泛存在，使得掌握低价格商品的人拥有了将保障政策变为现金收入的能力。而且，虽然经济适用住房的购房者只能获得部分产权，但5年后即可上市交易获得成倍的增值，明显的套利机会引起了许多人的觊觎之心，部分不符合申请条件的投机者甚至通过不法渠道进行申请。2011年，郑州在9个月内一举查办13件共17人经济适用房建设和管理领域中的职务犯罪案件，包括官员受贿包庇中介倒卖经适房、外地户口行贿够买经适房等，在当地引起强烈反响。

3. 审核机制不够严谨，寻租与牟利行为滋生。国家在经济适用住房开始实行时没有给出保障对象资格审核、退出机制等的具体规定，分配效率低。后来，由于中国一直没有建立完善的个人收入体系，对申请人的家庭收入、住房面积等条件的审核把控很难做到万无一失。有些地方售后与退出机制监管也不透明，虽然已经明确规定个人购买的经济适用住房在取得完全产权以前不得用于出租经营，弄虚作假、隐瞒家庭收入和住房条件，骗购经济适用住房或单位集资合作建房的个人也将依法追究责任，但真正被处罚的人却少之又少。制度的漏洞使得不少高收入群体进入了经济适用房的购买队伍，更有一些投机者炒买炒卖，哄抬经济适用房价格，从中牟利。

4. 不能满足中低收入阶层的需求。这主要存在于房屋面积与配套设施这两个方面。按照《经济适用住房管理办法》规定，经济适用住房建筑面积应控制在60m²左右。由于经适房的开发建设在配套政策、管理制度上还不够完善，有些开发商从追求利润出发，经适房户型过大，140m²的户型很普遍，使单套房总价过高，个别项目的复式户型面积达到260m²，完全是借经适房的政策行商品房开发的实质。这种情况在中央三令五申的强调之下有所好转，但始终没有杜绝。另外，有些城市只是为了完成建设指标，虽然建设了大量的经济适用房，但由于设计观念陈腐、建筑质量低下、选址偏远、配套设施不够完善等原因，增加了中低收入家庭的支出预期。这些经济适用住房都不能满足中低收入家庭的基本需求，不能形成有效的供给，导致表面上的供过于求。

这种种矛盾一度引发了激烈的经济适用住房的存废之争，使得经济适用住房建设被质疑，也造成了社会资源浪费和政府公信力下降。目前，经济适用住房的建设基本已经告一段落，多个地区明确不再建设经适房。其变种——共有产权房被写入2014年的政府工作报告，期望共有产权房成为经济适用房困境的解药以及去库存的助力军。

3.2 共有产权房

住房问题的核心是产权问题。共有产权是购房者和政府共同拥有产权，以有效降低购房者支付价格，减轻其家庭经济压力。共有产权住房是指政府提供政策支持，组织建设单位建设，销售价格低于同地段同品质商品住房价格水平，并限制使用范围和处分权利，实行政府与购房人按份共有产权的政策性商品住房[32]。

3.2.1 共有产权房的发展历程

2007年，共有产权房在江苏省淮安市进行试点工作，首创与市场接轨的共有产权经济适用房模式。其用地由土地划拨改为土地出让，将出让土地与划拨土地之间的价差和政府给予经济适用住房的优惠政策，显化为政府出资，形成政府产权。主要目的是通过和政府共同拥有房屋产权的方式，让住房困难的中低收入家庭购房时减少买房成本。

2007年8月，《国务院关于解决城市低收入家庭住房困难的若干意见》文件中初步显现出共有产权房的概念。

2010年11月，《淮安市共有产权经济适用住房管理办法（试行）》确定淮安市共有产权经济适用住房的建设、供应、交易和管理等的适用办法。

2012年3月，《上海市共有产权保障房（经济适用住房）申请、供应和售后管理实施细则》提出摇号选房，轮候序号这一过程，目的是缓解住房市场呈现的供不应求状态。

2014年，北京、上海、深圳、成都、黄石、淮安等6个城市明确被列为全国共有产权住房试点城市[33]。

2014年3月，国务院印发的《国家新型城镇化规划（2014—2020年）》表示，未来对于一些既不属于保障对象，又确实买不起商品房的"夹心层"群体，要建设供应政策性商品住房，发展共有产权住房。同年，在文件《2014年国务院政府工作报告》中，"完善住房保障机制"部分首次写入了"增加中小套型商品房和共有产权住房供应"。

2014年6月，江苏省住建厅、民政厅、财政厅和国土资源厅联合拟定的《关于加快推进住房保障体系建设重点任务落实的通知》要求将公租房与廉租房并轨运行，推进共有产权住房。这是首次提出政府可发放补贴支持保障对象购房，与保障对象出资形成共有产权。

2015年4月，《南京市保障性住房共有产权管理办法（试行）》提出，保障对象可分次购买共有产权保障房产权份额。首次购买的产权份额，城市低收入住房困难家庭不得低于50%，城市中等偏下收入住房困难家庭不得低于70%，其他保障对象不得低于80%。

2016年3月，《上海市共有产权保障住房管理办法》明确上海市共有产权保障住房的建设、供应、使用、退出以及监督管理。

2017年3月，《烟台市共有产权住房管理试行办法》发布，在烟台市率先试行共有产权住房制度，从租补结合、只租不售向租售并举、宜购则购转轨。试行期间，共有产权住房主要从已竣工未分配的保障性住房中筹集，按市场价下浮10%，面向符合条件的家庭出售70%产权，剩余30%产权暂由出售人持有。产权共有满2年，购房人可以一次性增购剩余的30%产权，拥有完全产权并可上市交易。

2017年9月，《北京市共有产权住房管理暂行办法》指出共有产权住房购房人取得不动产权证未满5年的，不允许转让房屋产权份额，因特殊原因确需转让的，可向原分配区住房城乡建设委（房管局）提交申请，由代持机构回购。共有产权住房购房人取得不动产权证满5年的，可按市场价格转让所购房屋产权份额。

2017年9月，《北京市共有产权住房规划设计宜居建设导则（试行）》对于共有产权住房项目的土地供应、规划设计、专家评审、招投标管理、质量监管、严格验收、售后服务、执行监管、物业管理、社区营造等进行了规定，建立了从设计、建设，到评价、管理全生命周期的标准体系，优化了从土地入市到竣工入住的住宅开发建设全过程产业链，为打造绿色宜居精品住宅提供了标准支持。

2017年9月，住房和城乡建设部发布《关于支持北京市、上海市开展共有产权住房试点的意见》，明确由国有机构代表政府持有共有产权住房政府份额，并承担与承购人签订配售合同、日常使用管理、回购及再上市交易等事项。

2017年11月，北京市制定《共有产权住房管理暂行办法》，再推共有产权房抑房价，明确了未来5年供应25万套共有产权住房的目标，着力满足城镇户籍无房家庭及符合条件新市民的基本住房需求。

2017年12月14日，共有产权房被国家语言资源监测与研究中心评为"2017年度中国媒体十大新词语"。

2018年6月，《佛山市开展共有产权住房政策探索试点工作方案》出台。对于申购群体，该政策设定了较高的准入门槛，同时兼顾了户籍居民和非户籍新市民，具有比较强的保障性质，但对新市民方面允许个人申购则较为宽松；对于产权份额，该政策规定比较灵活，允许"个人自行确定出资份额"，个人份额有60%下限而没有上限，且"允许承购人增购产权份额，直至取得完全产权"；对于产权转让，共有产权住房满5年即可上市出售，相对于同类城市政策宽松。

2019年1月，上海市出台《关于进一步完善本市共有产权保障住房工作的实施意见》，改善了基本准入条件、定价、申请审核、操作方式、供后管理等方面，其中共有产权房定价与本市户籍居民共有产权保障住房采取同一标准，即实施政府定价，且购房人产权份额应当不少于50%。

2019年1月，上海市还印发了《关于对部分共有产权保障住房（经济适用住房）申请对象调整住房面积核算方式的意见》，对部分共有产权保障住房申请对象调整住房面积核算方式。

2019年10月，《广州南沙新区试点共有产权住房管理实施细则》，对共有产权房的套数、产权份额、回购、上市流转、购房贷款等多个方面进行了详细规定和说明。

2019年12月，《上海市人民政府关于修改〈上海市共有产权保障住房管理办法〉的决定》，非上海市户籍家庭满足相应条件的可以申请购买共有产权保障住房，以及确定注销条件等相关完善办法。

2020年1月，《广州市共有产权住房管理办法》明确，广州市共有产权住房是纳入城镇保障性安居工程的保障性住房，其政府份额为非经营性资产。购买共有产权住房享有与购买商品住房同等的公共服务权益。

2020年6月，《上海市共有产权保障住房准入标准和供应标准》，增加了关于非沪籍家庭共有产权保障住房准入标准的相关表述。

2020年6月，《佛山市人民政府办公室关于推进共有产权住房政策探索试点工作的实施意见》中表示，共有产权住房采用配售的保障形式，以参考商品房市场价配售不低于50%产权给承购人，由承购人与政府按比例共同占有房屋产权份额，房屋归承购人使用，并行使业主权利。

3.2.2 共有产权房的运作模式及特点

为进一步完善多主体供给、多渠道保障、租购并举的住房制度，深化住房供给侧结构性改革，完善住房供应体系，共有产权住房应运而生。共有产权住房由国有机构代表政府持有共有产权住房政府份额，并承担与承购人签订配售合同、日常使用管理、回购及再上市交易等事项[34]。

1. **性质**：共有产权房是经济适用住房的一个变种，是具有保障性质的政策性商品住房。共有产权住房应当用于承购人自住，除了符合规定情形并报请有关部门同意的，不得擅自出租转借、长期闲置、改变用途。

2. **产权份额**：购房人产权份额，参照共有产权保障住房所在项目的销售基准价格占同地段或相邻地段、同品质或相近品质普通商品住房价格的比例，予以合理折让后确定；政府产权份额，原则上由项目所在地区级代持机构持有，也可由市级代持机构持有。

近年来，试点地区不断优化共有产权比例调节机制，个人出资比例可在 50%～100% 之间由购房者根据家庭支付能力自由选择，目的是让困难家庭支付部分经济适用房的购房款就能先行改善居住条件，再逐步取得全部产权[35]。

例如佛山市共有产权房产权份额，承购人持有的产权份额，可在个人出资不低于 60% 的条件下，由个人自行选择出资份额，其余部分产权份额由政府承担，形成共有产权住房[36]。

3. 保障对象：面向符合规定条件的住房困难群体供应，优先供应对象为无房家庭，从各城市试点看保障对象主要面对城市"夹心层"、刚毕业大学生等中低收入人群，具体详细范围由各市人民政府确定。

4. 保障方式：地方政府让渡部分土地出让收益，然后以较低的价格配售给符合条件的保障对象家庭；配售时，保障对象与地方政府签订合同，约定双方的产权份额以及保障房将来上市交易的条件和所得价款的分配份额[59]。即中低收入住房困难家庭购房时，可按个人与政府的出资比例，共同拥有房屋产权。

5. 住房来源：一是通过"限房价、竞地价"等方式由房地产开发企业集中建设；二是通过"限地价、竞配建"等方式在商品住房项目中配建；三是在城市更新（"三旧"改造）项目中配建；四是收购符合要求的新建商品住房或存量住房；五是转用符合要求的在建和未销售的经济适用住房、限价商品住房、直管公房等；六是接受捐赠等其他合法途径。

6. 政策支持：在建设用地上，采取出让方式，择优选建设单位,并实行建设标准和工程质量承诺制。同时,共有产权保障住房建设用地纳入土地利用年度计划管理。安排年度用地指标时,单独列出并优先供应共有产权保障住房建设用地指标。

在项目开发上,免收建设中的行政事业性收费与城市基础设施配套费等政府性基金;按照规定不宜建设民防工程的,免收民防工程建设费。

对购房者而言,可按照政策性住房有关贷款规定取得住房公积金贷款、金融机构政策性融资支持及贷款利率优惠;按照国家和各省市规定享受税收优惠政策。

7. 建设规划(表3.4):

不同城市共有产权住房建设规划标准 表3.4

城市	建设方式	具体要求
北京	以中小套型为主	1. 城六区新建项目套型总建筑面积≤90m²;共有产权住房项目容积率≤2.8 2. 其他区新建项目套型总建筑面积≤90m²的占建设总量的70%以上,最大不超过120m²;共有产权住房项目容积率原则上≤2.5 3. 充分考虑两孩及适老性要求,套型以多居室为主,严格控制套型总建筑面积在60m²以下套型比例 4. 共有产权住房实施全装修成品交房,依合同约定自交房之日起5年内不得对内部装饰装修进行拆除
上海	采用单独选址、集中建设和在商品住宅建设项目中配建的方式	家庭成员(申请)人均住房建筑面积计算公式: 人均住房建筑面积=(申请对象户口所在地住房建筑面积+申请对象他处住房建筑面积)÷(申请对象户口所在地住房核定面积家庭人数+申请对象他处住房核定面积家庭人数)
南京	以中小户型为主	单套建筑面积原则上≤90m²。供应给低收入住房困难家庭的套型按人口分配;其中1~2人户60m²左右,3人户70m²左右,4人及以上户80m²左右
佛山	以中小套型为主	单套住房建筑面积控制在90m²以内

8.销售价格：共有产权住房评估价格，采用代持机构委托房地产估价机构评估等方式，参考同时期、同地段、同品质普通商品住房的市场价格确定。共有产权住房销售价格实行政府指导价，根据不同的建设筹集方式确定。通过"限房价、竞地价"等方式由房地产开发企业集中建设的，销售价格不得高于住宅用地出让文件的限定销售价格；通过其他方式建设筹集的，销售价格应当综合考虑建设、财务、管理成本、税费和利润，以及承购人购房承受能力等因素确定。共有产权住房政府指导价由住房城乡建设主管部门牵头相关部门共同制定。在产权转让或退出时，共有产权住房的销售价格根据届时评估价格和原承购人所持产权份额确定。

9.上市回购：共有产权住房购房人取得不动产权证满5年的，可按市场价格转让所购房屋产权份额。目前尚无政府份额出售政策。上市转让共有产权保障住房的，全部购房人、同住人应当达成一致意见，并向房屋所在地区（县）住房保障实施机构提出申请。区（县）住房保障实施机构或者区（县）人民政府指定的机构在同等条件下有优先购买权；放弃优先购买权的，方可向他人转让。共有产权保障住房被上市转让或者优先购买的，购房人按照其产权份额获得转让总价款的相应部分。新购房人获得房屋产权性质仍为"共有产权住房"，所占房屋产权份额比例不变。

购房人取得不动产权证满5年，可按市场价格购买政府份额后获得商品住房产权，即"赎回"产权。

共有产权住房购房人取得不动产权证未满5年的，不允许转让房屋产权份额，因特殊原因确需转让的，可向原分配区住房城乡建设委（房管局）提交申请，经住房保障主管部门审核通过后，该承购人所持有的产权份额原则上由住房保障主管部门或其委托的代持机构通过综合评分、摇号抽签等方式，转让给其他符合规定条件的申请人。承购人所持产权份额收益归代持机构所有。退出时成交价格低于购买时成交价格的，代持机构不予补偿差价。转让申请通过后，若没有其他符合规定条件的申请人，代持机构可按本实施意见相关规定予以回购，并用于共有产权住房用途。因特殊原因确需退出的情形由各区自行确定。

且在上海市取得不动产权证未满5年，有下列情形之一的，应当腾退共有产权保障住房：1.购房人或者同住人购买商品住房，不再符合住房困难条件的；2.购房人和同住人的户口全部迁离本市或者全部出国定居的；3.非本市户籍购房人和同住人的居住证全部被注销，但因户口迁入本市导致的除外；4.购房人和同住人均死亡的；5.市人民政府规定的其他情形。保障住房由相应的机构予以回购。①

10. 保障优势：通过共有产权的方式，使得部分群众自己支付一部分钱解决住房问题；规范经济适用房和限价商品房制度，遏制在购置型保障房里的牟利空间，使得买房子是解决住房问题，而非投机牟利，还能在一定程度上平抑高房价。

与以往的经济适用房不同，共有产权住房是一种有限产权住房。政府和购买者将共同分享土地和房屋的增值收益，也共同承担土地和房屋贬值带来的风险。从制度设计上看，有限产权与完全产权的住房相比，本身就使投资获利的空间大为减少。申购价格上基本与市场价格同步，更是大大压缩了非法牟利的空间[59]。

共有产权住房的本质是政府住房公共政策在商品住房领域的体

---

① 上海市人民政府关于修改《上海市共有产权保障住房管理办法》的决定：沪府令26号[EB/OL].（2019-12-30）[2020-10-15]. http：//www.shanghai.gov.cn/nw45024/20200824/0001-45024_63342.html.

现。共有产权住房一方面为居民提供了相对较低价位的普通商品房，缓解了一部分中低收入家庭的经济压力，保障了其拥有房产的权利，使其"买得起，住得上"。北京市房地产法学会副会长兼秘书长、首都经济贸易大学教授赵秀池认为，共有产权住房是房地产调控长效机制的内容之一。"根据北京市住房制度的安排，不同收入的家庭可以选择不同的住房，即低端有保障，中端有支持，高端有调控。共有产权住房重点解决的是夹心层的住房保障问题。"共有产权住房明确了购房人产权的持有份额，同时又把政府持有的使用权让渡给了购房人。"共有产权降低了购房人的出资额，相当于提高了购房人的支付能力。"

另一方面，改善和优化了热点城市商品住房供给结构；共有产权住房还缓解了一线和二线城市房价上涨的压力，在一定程度上能够平抑房价，疏解高房价的困扰。另外，作为住房保障和供应体系的一部分，共有产权房体现了社会公平性。

3.2.3 共有产权房的申请条件

北京、上海、深圳、成都、黄石、淮安等6个城市明确被列为全国共有产权住房试点城市，但从时间先后顺序和建设成效来看，只有北京、上海、南京、烟台等几处供应共有产权房。

在此，笔者比较了几个主要城市的经济适用住房申请条件（表3.5、表3.6）。

北京、南京共有产权住房申请条件　　　　表 3.5

城市	发布时间	申购具体要求	不得申购规定
北京	2017	1. 申请人应具有完全民事行为能力，申请家庭成员包括夫妻双方及未成年子女。单身家庭申请购买的，申请人应当年满 30 周岁 2. 申请家庭应符合本市住房限购条件且家庭成员名下均无住房；一个家庭只能购买一套共有产权住房	有以下情形之一的，不得申请购买共有产权住房： 1. 申请家庭已签订住房购买合同、征收（拆迁）安置房补偿协议的； 2. 申请家庭有住房转出记录的； 3. 有住房家庭夫妻离异后单独提出申请，申请时点距离婚年限不满 3 年的； 4. 申请家庭有违法建设行为，申请时未将违法建筑物、构筑物或设施等拆除的； 申请家庭承租公共租赁住房、公有住房（含直管和自管公房等）后又购买共有产权住房的，应在购房合同网签前书面承诺腾退所租住房屋
南京	2015	1. 城市低收入、中等偏下收入住房困难家庭（以下称"中低收入家庭"）申请共有产权保障房，应当同时具备下列条件： 1) 具有江南六区户籍满 5 年的城镇居民； 2) 家庭人均月可支配收入在规定标准以下； 3) 人均住房建筑面积在规定标准以下； 4) 家庭人均财产在规定标准以下； 5) 家庭拥有车辆情况在规定标准以下 2. 具有江南六区户籍且在本市无房屋权属登记、交易记录的城镇居民无房家庭 3. 具有江南六区户籍且在本市无房屋权属登记、交易记录，签订劳动合同且连续缴纳社会保险 2 年及以上，全日制院校本科及以上学历、毕业未满 5 年的新就业人员 4. 经市政府认定的其他住房困难家庭	有下列情况之一的家庭或个人，不得申购共有产权保障房： 1. 在本市已经领取征收拆迁安置补偿款 5 年以内的； 2. 户籍为通过购买住房迁入本市的； 3. 正在享受住房保障政策的； 4. 市政府规定的其他情形

上海共有产权住房申请条件　　　　表 3.6

城市	发布时间	城镇户籍申购要求	非沪籍申购要求
上海	2019	同时符合下列标准的本市城镇户籍居民家庭，可以申请购买共有产权保障住房： 1. 家庭成员之间具有法定的赡养、抚养或者扶养关系，且共同生活； 2. 家庭成员在本市实际居住，具有本市城镇常住户口连续满 3 年，且在提出申请所在地的城镇常住户口连续满 2 年； 3. 家庭人均住房建筑面积≤ 15m²； 4. 3 人及以上家庭人均年可支配收入≤ 7.2 万元，人均财产≤ 18 万元；2 人及以下家庭人均年可支配收入和人均财产标准按前述标准上浮 20%，即人均年可支配收入≤ 8.64 万元，人均财产≤ 21.6 万元； 5. 家庭成员在提出申请前 5 年内未发生过住房出售行为和赠与行为，但家庭成员之间住房赠与行为除外 同时符合上述标准，具有完全民事行为能力的单身人士（包括未婚、丧偶或者离婚满 3 年的人士），男性年满 28 周岁、女性年满 25 周岁，可以单独申请购买共有产权保障住房； 申请人的年龄、婚姻状况和户口等年限以 2019 年 3 月 31 日为截至点前溯计算	同时符合下列条件的非本市户籍居民家庭，可申请本市共有产权保障住房： 1. 持有《上海市居住证》且积分达到标准分值（120 分）； 2. 在本市无住房，在提出申请前 5 年内，不得在本市有住房出售或赠与行为； 3. 结婚满一年； 4. 在现工作单位工作连续满一年且工作单位在提出申请所在地注册连续满一年； 5. 在本市连续缴纳社会保险或者个人所得税满 5 年； 6. 3 人及以上家庭人均年可支配≤低于 7.2 万元，人均财产≤ 18 万元；2 人家庭人均年可支配收入和人均财产标准按前述标准上浮 20%，即人均年可支配收入≤ 8.64 万元，人均财产≤ 21.6 万元。本次试点在虹口、松江和金山 3 个区开展
佛山	2020	具有本市户籍，家庭成员及本人在本市没有自有住房且 5 年内没有住房转让记录的家庭或个人；户籍在村委会的家庭，除符合上述条件外，应当在本市未享受过宅基地政策。 1 个家庭只能购买 1 套共有产权住房，并享受与购买商品住房同等的落户、入学等公共服务。已承购共有产权住房的家庭和个人，其家庭成员不再另外享受本市住房保障政策，包括申请承购共有产权住房和租住公共租赁住房等	本人在本市常年生活或工作，持有本市居住证，在本市连续购买社保 5 年及以上，家庭成员及本人在本市没有自有住房的非本市户籍家庭或个人，以及在本市工作和生活且家庭成员在本市没有自有住房的港澳居民家庭或个人。 家庭是指由具有法定的赡养、抚养或者扶养关系且共同生活的成员组成

资料来源：《关于进一步完善上海市共有产权保障住房工作的实施意见》《佛山市人民政府办公室关于推进共有产权住房政策探索试点工作的实施意见》

3.2.4 共有产权房的主要矛盾

随着房地产市场的发展,中国住房领域供求失衡、投资过热、房价高企、居民负担能力不足、住房分化等问题逐渐显现,部分地区甚至存在房地产泡沫风险,"夹心层"的住房困境日益突出。

这些"夹心层"们,从条件上看够不着申请廉租房、经济适用房的标准,面对暴涨的房价企图用市场化价格购房同样只能望"房"兴叹,如何解决他们的住房问题是"共有产权房"的使命。共有产权房初衷是花低于市价的钱,就能和政府进行"合伙买房",从而解决户籍以及基于户籍的各种社会福利问题。"共有产权"已经成为廉租房、经济适用房等政策措施之后,又一帮助不同收入群体实现住有所居的新利器。

既然共有产权房是为解决"夹心层"购房困难而专门推出的措施,理应受到追捧。但从实际效果来看,共有产权房推出来后,并没有在试点城市受到追捧。共有产权房在市场实践中,其问题也逐步显现。

1. 产权细则问题。除了价格问题,作为商品,房屋本身购买的应该是清晰的产权,而产权其实包含了所有权、使用权和收益权。但共有产权房的产权规则发生了很大的变化。目前的《北京共有产权住房管理暂行办法》中,删去了原来最重要的第三条,即"房主5年后可以市场价回购剩余产权,使其转为商品房,回到市场公开流通。"现在的规则是,共有产权房取得产权证满5年需转让的,可按市场价格,但代持机构拥有优先购买权,代持机构放弃的,转让对象应为其他符合共有产权住房购买条件的家庭。除此之外别无他法。即使以后儿女继承,也需要儿女有共有产权房购买资格,否则还是由政府回购。由于"一日共产房,永远共产房",共有产权房只能在共有产权房体系内进行交易。当工作变更、孩子求学催生改善需求，共有产权房几乎"堵死"阶层晋升之路。这也是大多数家庭对共有产权房望而却步的核心原因。

共有产权住房的购买对象，应该是收入符合一定条件的人，政府显然不在其列，而划拨的土地和其他优惠政策，本来是经济适用房的购买对象该享受的。共有产权住房的购买对象只能获得与其支付购房款占比相应的产权，这在客观上造成了政府"挤压"居民福利的事实。在政府将土地出让金及其他优惠政策折合成"股份"，使得低收入家庭本该享受的政策缩水，唯一的好处是在买房时政府垫付了一部分钱，而付出的代价就是一个被当地政府认可的"小产权房"。

2. 保障和吸引力度欠缺。当前中国的房子具有金融属性和居住属性，北上广深一线城市更是金融属性突出。而共有产权房由于几乎无法交易，金融属性大大减少，只剩下居住属性，而其现在的价格还不足以支撑居住属性。根据中国指数研究院公布的数据显示，截至2017年12月，北京、上海、杭州、重庆等4个城市住宅二手房的均价分别为：北京市每平方米63239元，上海市每平方米52240元，杭州市每平方米29522元，重庆市每平方米10351元。同期，北京市共有产权房的房价也基本上在3万元左右，与周边商品房小区房价相差不大，也就是说房主同样花了大价钱。这大大降低了共有产权房的保障性和吸引力。从租售的成本收益比来看，一套100m^2的北京共有产权房总价在300万左右，如果按300万房款年化5%的收益来看，一年就是15万，15万的房租即使是在北京也能租到比这更好的房子。实际上，当前不少共有产权房在土地价格上并无多少让利，因而最终在住房价格上也并无多大的吸引。

目前政策还在试点过程中，很多城市在政绩思维的指导下，一窝蜂地上马共有产权房，恐怕会走了经适房的老路。从在经适房的实践中可以发现，住房"买"和"租"的"二分法"不能满足不同群体差异化的住房需求，也未将"夹心层"群体纳入住房保障的政策视野。共有产权房的目的是补充住房租赁和住房自有两种产权模式的局限，为中低收入群体和"夹心层"提供多样化的住房选择。

3.依然存在的利益输送问题。共有产权住房的再上市，将保障地方政府的优先权，即地方政府优先回购，或共有产权的自然人向地方政府赎回政府部分的房屋所有权。在优先回购权下，地方政府拥有两个路径可以选择：一是按照政府评估价，由政府回购自然人手中的房屋产权，而实际评估权则掌握在地方政府手中；二是再上市交易时，地方政府按照共有产权的比例，直接按比例分享房屋交易价款，这其中也包括增值部分。回购价格评估如何确定，实际上也是未来可能产生分歧的地方，过低或虚高都可能存在利益输送，最终出现变形、异化的可能性。共有产权住房必须建立起公开透明的运作机制，从申请、分配、售后监管和退出等各个环节，设立防火墙。从试点城市的实践看，如何确定政府与个人的产权份额，以及如何约定上市交易的分配份额，压缩投机牟利空间，正是探索的难点与重点。

当然，共有产权住房只是当前中国住房市场的一种选择和方向，而非最终解决办法，因此它不存在满足所有群体、所有人的完美形式，但从国际经验来看，只要落实得好，既能满足"房子是用来住的，不是用来炒的"，又能在一定程度上实现人民居住、物质水平的同步改善。

3.3 廉租住房：住房保障建设得到高度重视

廉租住房是中国推行的一项旨在解决城市特困人口住房问题的保障措施。政府以租金补贴或实物配租的方式，向符合城镇居民最低生活保障标准且住房困难的家庭提供社会保障性质的住房。

3.3.1 廉租住房的发展过程

1998年，《关于进一步深化城镇住房制度改革加快住房建设的通知》对住房供应体系进行了修订，提出最低收入家庭租赁由政府或单位提供的廉租房，这是首次提出廉租住房，并明确其保障对象是最低收入家庭[37]。

1999年，《城镇廉租住房管理办法》第一次明确解释了廉租房的概念："城镇廉租住房是指政府和单位在住房领域实施社会保障职能，向具有城镇常住居民户口的最低收入家庭提供的租金相对低廉的普通住房。"文件就国务院与地方政府的责任分工、廉租住房房源、申请审批制度、租金标准、住房面积等方面都作出了原则性的规定，对廉租住房的制度建立进行了有益的探索。这是中国第一个专门关于廉租房保障的正式文件，廉租住房作为中国住房制度改革和社会保障制度改革的共同产物，就此形成了雏形。

2003年，《关于促进房地产市场持续健康发展的通知》提出：最低收入家庭的需要是保障目标，提出以政府预算为主要资金来源。

2004年，新的《城镇最低收入家庭廉租住房管理办法》施行，内容更加完备，也更具有针对性和可操作性。

2005年，《关于做好稳定住房价格工作意见的通知》对城镇廉租住房制度的建设工作提出了进一步的要求，规定城镇廉租住房制度建设情况要纳入地方政府工作的目标责任制管理。要求各地开展城镇最低收入家庭住房困难情况的调查，建立保障对象档案，扩大廉租住房保障的覆盖面[38]。随后，《城镇廉租住房租金管理办法》与《城镇最低收入家庭廉租住房申请、审核及退出管理办法》的颁布都对廉租住房的具体实施环节作了更详细的规定。

2006年是政府密切关注廉租房建设的一年，不论是中央还是地方政府都对廉租房的建设更加重视，并落实到实处（表3.7）。

2006年廉租住房政策及主要内容一览表　　　表3.7

时间	政策	内容
3月29日	《关于城镇廉租住房制度建设和实施情况的通报》	公布了各地廉租住房制度建设及实施情况，总结了一些突出问题
5月24日	《关于调整住房供应结构稳定住房价格意见的通知》	尚未建立廉租住房保障的城市必须在2006年底前建立，并合理规定此后两年廉租房建设的规模等
7月5日	《关于切实落实城镇廉租住房保障资金的通知》	从财政预算的支持力度、住房公积金增值收益、土地出让净收益等方面细化廉租房保障资金的落实，加强保障资金的使用管理监督
8月19日	《城镇廉租住房档案管理办法》	规范城镇廉租住房档案管理，确保其完整、安全和有效利用
8月29日	《城镇廉租住房工作规范化管理实施办法》	制定城镇廉租住房工作规范化管理考核表，要求各级政府健全廉租房管理制度

在这一系列法规和文件的推动下，许多城市结合实际情况陆续出台了地方的廉租住房管理办法，积极推进廉租住房制度建设，取得了初步成效，为改善城镇最低收入家庭住房条件发挥了重要作用。根据建设部的通报，截至2006年底，全国累计用于廉租住房制度的资金为70.8亿元，已经有54.7万户低收入家庭通过廉租住房制度改善了住房条件。有512个城市建立了廉租住房制度，占城市总数77.9%。其中，283个地级以上城市建立了廉租住房制度，

占地级以上城市的 98.6%；有 229 个县级市建立了廉租住房制度，占县级市的 61.9%。广东、江西、浙江、陕西等 8 个省有 90% 以上城市建立了廉租住房制度（图 3.2）。

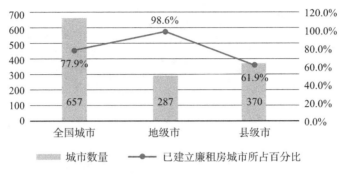

图 3.2　2006 年各级别城镇廉租住房制度建设情况

2007 年 3 月 17 日，国务院政府工作报告首次提到"加大财税等政策支持，建立健全廉租房制度"。8 月 14 日，《关于解决城市低收入家庭住房困难的若干意见》要求进一步建立健全城市廉租住房制度，逐步扩大保障范围："十一五"期间，全国廉租住房制度保障范围要由城市最低收入住房困难家庭扩大到低收入住房困难家庭，实行应保尽保。9 月，《廉租住房保障办法》出台，与之前两个版本的廉租房管理办法相比较，新的保障办法更加系统，细则也更加明确（表 3.8）。

2007 年 10 月 24 日，胡锦涛在十七大报告中提出："健全廉租住房制度，加快解决城市低收入家庭住房困难。"保障房作为重大民生问题被列入政府公共服务的范畴内。其后，财政部出台《廉租住房保障资金管理办法》，首次对廉租住房保障资金的管理、使用和监管进行了详细规定，明确了廉租住房资金的八大来源；其中，中央预算内投资补助资金和中央财政廉租住房保障专项补助资金是对中西部及市县层级等财政困难地区的支持。

三个版本的廉租房管理办法对比　　　表 3.8

版本	1999 年《城镇廉租住房管理办法》	2004 年《城镇最低收入家庭廉租住房管理办法》	2007 年《廉租住房保障办法》
房源	腾退的原公有住房；最低收入家庭承租的符合规定的现有公房；政府和单位出资兴建或购置；社会捐赠；其他渠道筹集	政府出资收购或建设；社会捐赠的住房；腾空的公有住房；其他渠道筹集；另：实物配租以收购现有旧住房为主，限制集中兴建	政府新建、收购；腾退的公有住房；社会捐赠；其他渠道筹集
资金来源	—	财政预算；住房公积金增值收益中按规定提取的城市廉租住房补充资金；社会捐赠；其他渠道筹集；行政划拨；	财政预算；提取贷款风险准备金和管理费用后的全部住房公积金增值收益余额；不低于 10% 的土地出让净收益；廉租住房租金收入；社会捐赠及其他方式
建设用地	县级以上人民政府在土地、规划、计划、税费等方面给予扶持	行政事业性收费等方面给予政策优惠；购买旧住房作为廉租住房，以及实物配租的廉租住房租金收入给予税收优惠	优先安排土地供应计划，单独列出年度用地指标；划拨方式，保证供应；规划布局考虑住户居住和就业的便利
面积控制	与居住人口相当；地方政府制定	不超过当地人均住房面积的 60%	单套建筑面积 $50m^2$ 以内
保障方式	—	发放租赁住房补贴为主，实物配租、租金核减为辅	货币补贴和实物配租等相结合，租赁补贴为主
监督管理	违反规定转租的将被收回，并处 1 万元以上 3 万元以下罚款；	不如实申报家庭收入、人口及住房状况的，取消资格；	政府定期抽查、走访；已保障家庭每年如实申报变动情况，不再符合条件的，停止发放租赁住房补贴，或退房；

续表

版本	1999年《城镇廉租住房管理办法》	2004年《城镇最低收入家庭廉租住房管理办法》	2007年《廉租住房保障办法》
监督管理	不如实申报家庭收入的，家庭收入超过当年最低收入标准不及时报告的，退房并补交商品租金和廉租房租金的差额，处5000元以上1万元以下罚款（不按期腾退且无正当理由的，退房，并处提高后年租金2～5倍的罚款）	已骗取廉租住房保障的，转借、转租，擅自改变房屋用途的，连续6个月以上未居住的，退还已领取的补贴，或退房并补交市场平均租金与廉租房标准租金的差额，或补交核减的租金，情节恶劣的，处1000元以下的罚款	承租者不得转借、转租或改变房屋用途；无正当理由连续6个月以上未居住或未缴纳租金的，退房；给予虚假申请者警告；不正当手段取得审核或获得保障的，给予警告；已登记但未获得保障的，取消登记；已获得保障的，退还补贴，或退房并补交房租

2008年3月5日，国务院政府工作报告提出"抓紧建立住房保障体系"。3月21日，住建部发布《关于加强廉租住房质量管理的通知》，强调廉租住房建设既要重视数量，更要重视质量。

2009年，全国大部分地区基本建立了以廉租住房为主的住房保障制度，解决城市低收入家庭住房困难工作取得了积极成效。但截至2008年底，全国还有747万户城市低收入住房困难家庭亟须解决基本住房问题，廉租住房建设还处于起步阶段。因此，2009—2011年这3年时间里，廉租住房建设目标具体分配如下（表3.9）：

2009—2011年廉租住房建设目标分配　　　表3.9

年份	解决户数（万户）	新增房源（万套）	新增发放租赁补贴（万户）
2009	260	177	83
2010	245	180	65
2011	204	161	43

2010年，《关于加强廉租住房管理有关问题的通知》强调新建廉租房以在经济适用住房、商品住房、棚户区改造项目中配建为主，单套建筑面积严格控制在$50m^2$以内。

2013年底,《公共租赁住房和廉租住房并轨运行的通知》发布,要求从2014年起,各地公共租赁住房和廉租住房并轨运行,并轨后统称为公共租赁住房。

3.3.2 廉租住房的运作模式及特点

在廉租房并入公共租赁住房之前,以最新的2007年《廉租住房保障办法》为例,廉租住房有以下特点。

1. 性质:解决城市低收入家庭住房困难的保障性住房,属于租赁型保障房。

2. 保障方式:廉租住房实行货币补贴和实物配租等相结合的保障方式。

货币补贴是主要的保障方式,指的是由地方政府向申请者发放租赁住房补贴,增强城市低收入住房困难家庭承租住房的能力,由其自行承租住房。补贴额度按城市低收入住房困难家庭现住房面积与保障面积标准的差额、每平方米租赁住房补贴标准确定。

实物配租是指地方政府向申请者提供住房,配租面积为城市低收入住房困难家庭现住房面积与保障面积标准的差额,按规定标准收取租金;廉租住房紧缺的城市通过新建和收购等方式增加实物配租的房源。

上海市的廉租住房保障方式十分具有代表性,具体如下(表3.10):

2013年上海市廉租住房保障方式 表3.10

分档	租金补贴/(月/m²)	实物配租
基本租金补贴家庭: 3人及以上人均年可支配收入≤14400元; 2人及以下人均年可支配收入≤15840元	黄浦等9个区86元;闵行、宝山、嘉定3个区68元;金山、松江、青浦、奉贤、崇明5个区(县)为46元	家庭月可支配收入的5%用于承担自付租金

续表

分档	租金补贴/(月/m²)	实物配租
基本租金补贴70%的家庭： 14400元<3人及以上人均年可支配收入≤20400元； 15840元<2人及以下人均年可支配收入≤22440元	黄浦等9个区60元；闵行、宝山、嘉定3个区48元；金山、松江、青浦、奉贤、崇明5个区（县）为32元	家庭月可支配收入的6%用于承担自付租金
基本租金补贴40%的家庭： 20400元<3人及以上人均年可支配收入≤25200元； 22440元<2人及以下人均年可支配收入≤27720元	黄浦等9个区34元；闵行、宝山、嘉定3个区27元；金山、松江、青浦、奉贤、崇明5个区（县）为18元	家庭月可支配收入的7%用于承担自付租金

另：配租标准人均居住面积10m²；面积超过配租面积1.5倍的，超过的面积由申请家庭按廉租房源租金标准的30%承担自付租金。

3.资金、房源（表3.11）：

廉租住房资金及住房来源一览表　　　　表3.11

资金	房源
年度财政预算安排的廉租住房保障资金	政府新建、收购的住房
提取贷款风险准备金和管理费用后的全部住房公积金增值收益余额	腾退的公有住房
不低于10%的土地出让净收益	社会捐赠的住房
政府的廉租住房租金收入、收支两条线管理，专项用于廉租住房的维护和管理	其他渠道筹集的住房
社会捐赠及其他方式筹集的资金	—

4.建设规划：单套的建筑面积在50m²以内，经济、适用，满足基本使用功能；用地规划考虑城市低收入住房困难家庭居住和就业的便利。

5.政策支持：建设用地采取划拨方式，在土地供应计划中优先安排，并在申报年度用地指标时单独列出；免征行政事业性收费和政府性基金。

6. 监督管理：政府按户建立廉租住房档案，定期走访、抽查城市低收入住房困难家庭的人口、收入及住房变动等有关情况，定期公布廉租住房保障情况；不再符合条件的家庭，停止发放租赁住房补贴，或退回廉租住房[39]。

3.3.3 廉租住房的申请条件

笔者比较了中国几个主要城市的廉租住房申请政策，了解到廉租房的申请者主要应该满足户籍、家庭人均住房面积、家庭财产、人均收入等几个方面的要求（表3.12）。

中国几个主要城市廉租住房申请条件　　表3.12

城市	时间	基本条件	家庭财产及住房
北京	2016	本市城镇户籍，长期在本市生活； 家庭住房人均使用面积<7.5m²，且申请人和家庭成员5年内未出售或转让过房产	1人户家庭年收入<6960元，总资产<15万元； 2人户家庭年收入<13920元，总资产<23万元； 3人户家庭年收入<20880元，总资产<30万元； 4人户家庭年收入<27840元，总资产<38万元； 5人及以上家庭年收入<34800元，总资产<40万元； 另：上年度人均月收入≤580元
上海	2013	本市实际居住，本市城镇常住户口3年以及申请所在地城镇常住户口1年； 家庭人均居住面积≤7m²，且申请前5年内，未因出售或赠与住房而造成住房困难	2人及以下家庭人均年可支配收入≤27720元，人均财产≤8.8万元； 3人及以上申请家庭人均年可支配收入≤25200元，人均财产≤8万元
重庆	2010	非农业户口且在本市居住； 家庭人均住宅使用面积<6m²（三代同堂的<7m²）	家庭人均月收入低于城镇居民最低生活保障标准（2010年为260元/月），且已接受民政部门连续救助6个月以上

续表

城市	时间	基本条件	家庭财产及住房
杭州	2013	家庭至少有1人有市区常住城镇户口（不包括学生户口）并居住5年以上；家庭人均住房建筑面积≤15m²，或3人以上家庭住房建筑面积≤45m²	家庭人均月收入低于杭州市区城镇居民低保标准的2.5倍（含）（2013年倍为每人每月1860元）；且持有效期内的《杭州市困难家庭救助证》或《杭州市区级困难家庭救助证》或《杭州市低收入家庭认定证明》
西安	2012	本市新城、莲湖、碑林、雁塔、未央、灞桥区非农业常住户口；家庭人均住房建筑面积<13m²（使用面积<9.8m²）	单身人员（含未婚、离异独身、丧偶独身）年满25岁，且月收入≤738元；2人家庭人均月收入≤677元；3人及以上家庭人均月收入≤615元

3.3.4 廉租住房发展过程中的主要矛盾

自1999年颁布《城镇廉租住房管理办法》以来，中国的廉租房从无到有逐渐建立了一整套管理制度，尤其在2007年后廉租房建设进入快车道，使得最低收入阶层的住房矛盾得以缓解，在解决城市最低收入家庭的住房问题上取得了一定的成效。廉租房建设在发展过程中主要矛盾有以下几点：

1. 保障对象覆盖面过窄。廉租房的初衷是保障城镇最低收入家庭的住房需求，但通过对比一些主要城市的廉租住房申请条件，廉租住房的保障对象基本属于城镇"双困户"——人均住房面积标准低于地方规定，且人均收入低于当地城市最低生活保障金的家庭；越是大的城市，申请条件越是严格。有很大一部分人均收入超过当地廉租房收入标准，但收入又不够购买经济适用房和商品房的家庭处境尴尬，成为住房保障对象里"夹心层"群体。此外，只有当地居民才有资格申请廉租住房，这就直接将农民工群体、城乡接合部土地被征后的农民，甚至一些刚毕业的大学生等低收入者排除在外。中国的人口流动性极大，以户籍制度为基础的廉租房申请条件显然是不科学的。据报道，2004年，长沙市修建了第一座廉租房性质的江南公寓，共有13栋廉租房。至2013年，历时9年，仅有一栋供农民工租住，而600多套房间里，农民工的入住率只有1/10。其原因正是申请条件过于严苛，在严格的户籍条件要求下，农民工入住必须具备两个条件：第一，有规范的劳动合同；第二，月收入800元以下。

2. 资金难以落实。目前，廉租房的大部分资金来源于财政拨款和住房公积金增值收益余额，社会捐赠和其他渠道筹集的资金数量少且不稳定。有些城市在廉租房的实际建设中仍以住房公积金收入和公房出售款为主，中国的公积金收益率普遍较低，增值收益额数量有限，提取贷款风险准备金和管理费用之后已所剩无几。而大部分公有住房早已卖给个人，可供租售的房源少之又少。这两者的可操作性显然有限，廉租房建设在现实中面临的资金缺口很大。此外，由于建设廉租房对于经济增长没有效率，也没有真正纳入政绩考核体系，地方政府明显缺乏建设动力，在经济发展与提供保障之间徘徊，将缺乏资金来源作为借口，没有真正为住房困难家庭提供帮助。2007年发布的《廉租住房保障资金管理办法》规定地方各级财政部门要从土地出让净收益中按照不低于10%的比例安排用于廉租住房保障，而根据财政部《关于2010年中央和地方预算执行情况与2011年中央和地方预算草案的报告》显示，2010年国有土地使用权出让收入29109.94亿元，廉租住房保障支出463.62亿元，仅占当年土地出让总收入的1.59%。

3. 监督管理有漏洞。据2014年8月25日的《长沙晚报》报道，位于香樟东路的凤凰家园共有1212套保障性住房面向城市低收入家庭，2012年10月竣工，短短两年，墙壁上就布满了房屋的出租信息。其他几个保障性住房小区也都有转租的现象，原本每月几十元一套的廉租房被转租至 600 多元，甚至 2000 元。有些廉租房的承租者去世了，子女却可以再转手将房子租出，每月至少能赚好几百元。廉租房的条件一般，面积不大，但与市场价格之间存在着巨大的差距，一些人难免会产生借此牟利的冲动。这样的现象绝不止发生在长沙一地，国家并非没有相应的规章制度来约束，但相关部门没能有效地发现问题，或发现了问题却缺乏法律层面的支持，面对低收入人群无法监督执法，才让廉租房被轻易转租。

自 2014 年，廉租住房已经并入公共租赁住房，实现统一规划建设、统一资金使用、统一申请受理、统一运营管理。这不失为一个解决其发展矛盾的有效方法，未来应再加大监管力度，让城镇最低收入家庭切实得到住房保障。

3.4 公共租赁房：以扩大保障范围为目的的公租房的发展

公共租赁住房，是指限定建设标准和租金水平，面向符合规定条件的城镇中低收入住房困难家庭、新就业无房职工和在城镇稳定就业的外来务工人员出租的保障性住房。

3.4.1 公共租赁住房的发展过程

2009 年，温家宝在政府工作报告中提出"积极发展公共租赁住房"，这是公共租赁住房首次在国家层面提及 [40]。

2010 年的《关于加快发展公共租赁住房的指导意见》要求大力发展公共租赁住房，完善住房供应体系，明确公共租赁住房的供应对象是城市中等偏下收入的住房困难家庭。年终中央经济工作会议、住建部年终工作会议等，都把保障性住房建设的重点指向公共租赁住房。公共租赁住房的建设被纳入保障房建设规划，自此拉开了公共租赁住房建设大幕。

2011年9月，国务院在《关于保障性安居工程建设和管理的指导意见》中要求重点发展公共租赁住房，加大政府投资建设力度。2011年成为中国保障性住房建设的分水岭，公共租赁住房成为中国保障性住房的主要形式[41]。

2012年的《公共租赁住房管理办法》，明确保障对象为符合规定条件的城镇中等偏下收入住房困难家庭、新就业无房职工和在城镇稳定就业的外来务工人员；强调公平分配。住建部组织了国内26家建筑设计与研究单位，编制出版《公共租赁住房优秀设计方案汇编》，倡导业主及设计单位使用其中的案例，优化户型设计，科学利用空间。

2014年，住建部发布的《关于并轨后公共租赁住房有关运行管理工作的意见》，明确了并轨后公共租赁住房的保障对象，包括原廉租住房保障对象和原公共租赁住房保障对象，即符合规定条件的城镇低收入住房困难家庭、中等偏下收入住房困难家庭，以及符合规定条件的新就业无房职工、稳定就业的外来务工人员。

2015年《关于运用政府和社会资本合作模式推进公共租赁住房投资建设和运营管理的通知》指出，政府和社会资本合作模式可以更有效率地为社会提供公共服务，有利于转变政府职能，提升保障性住房资源配置效率、消化库存商品住房、改善住房保障服务。要求各地开展试点，积极探索。

2015年1月6日，住建部发布《关于加快培育和发展住房租赁市场的指导意见》，提到建立住房租赁信息政府服务平台、培育经营住房租赁机构、支持房地产，积极鼓励投资不动产投资信托基金

（REITs）产品，积极开展REITs试点并逐步推开。11月22日，国务院办公厅《国务院办公厅关于加快发展生活性服务业促进消费结构升级的指导意见》提出积极发展短租公寓、长租公寓等服务业细分业态；首次将公寓定位为"生活服务业"，可享受相应政策支持。

2016年2月《国务院关于深入推进新型城镇化的若干意见》提出加快推广租赁补贴制度，采取市场提供房源、政府发放补贴的方式。支持城市政府推行基础设施和租赁房资产证券化，提高城市基础设施项目直接融资比重。支持公租房保障对象通过市场租房，政府对符合条件的家庭给予租赁补贴。鼓励地方政府采取购买服务或政府和社会资本合作（PPP）模式，将现有政府投资和管理的公租房交由专业化、社会化企业运营管理，不断提高管理和服务水平。12月，国家发改委、证监会联合印发《关于推进传统基础资产设施领域政府和社会资本合作（PPP）项目资产证券化相关工作》，表示将共同努力，通过推动不动产投资信托基金，进一步支持传统基础设施项目建设。

2016年5月，国务院办公厅发布的《关于加快培育和发展住房租赁市场的若干意见》中要求推进公租房货币化和提高公租房运营保障能力。转变公租房保障方式，实物保障与租赁补贴并举。

2017年国家发改委将公租房发展纳入"三去一降一补"中，把去库存和促进人口城镇化结合起来，推进住房公积金制度改革，健全购租并举的住房制度，继续发展公租房等保障性住房，因地制宜、多种方式提高货币化安置比例，加快培育和发展住房租赁市场。

2017年1月，国务院发布《"十三五"推进基本公共服务均等化规划》，其中基本住房保障中，要求完善租赁补贴制度，结合市场租金水平和保障对象实际情况，合理确定租赁补贴标准。在城镇稳定就业的外来务工人员、新就业大学生和青年医生、青年教师等专业技术人员，符合当地城镇居民公租房准入条件的，应纳入公租房保障范围。

2018年4月，国家发改委、证监会联合发布《关于推进住房租赁资产证券化相关工作的通知》，明确优先支持不动产物业权益类资产证券化产品。9月住房和城乡建设部、财政部开始推行政府购买公租房运营管理服务方案，在浙江、安徽、山东、湖北、广西、四川、云南、陕西等8个省（区）开展试点工作，吸引企业和其他机构参与公租房运营管理，推动公租房建设专业化发展，减轻政府财政风险。

2019年5月财政部和住房城乡建设部联合发布《公共租赁住房资产管理暂行办法》要求，建设单位不得将公租房资产作为融资抵押物，地方各级住房保障主管部门不得以公租房资产进行担保。

3.4.2 公共租赁住房的运作模式及特点

公共租赁住房在中国保障性住房体制中起步较晚，成型不久后就与廉租住房并轨运行，仍处于探索阶段，也与其初衷相距不大。因此，笔者在此主要围绕并轨后的公共租赁住房展开探讨。

1. 性质：面向原廉租房和原公租房保障对象，属于租赁型保障房。

2. 保障方式：由地方政府根据住房市场租金水平和供应对象的支付能力等因素，合理确定公共租赁住房租金水平，按年度动态调整。

人才公寓也是公租房的一种，其面对的人群是毕业大学生，实际上也属于中低收入人群。以武汉人才公寓为例，申请条件是本人和家庭在武汉市无自有住房且租房居住的，这其中就包括了本地无房户以及外地来武汉市就业的新就业人群，体现了人才公寓是一项兼有人才吸引策略的住房保障政策的特点。

八大家花园人才公寓位于武汉市三环线内，正处于长江沿岸，属于房地产的黄金地段。对一般市民的标准月租金是每平方米 26 元，而对符合申请条件的租房人群单租是 20.8 元，合租是 18.2 元，物业管理服务费 1.41 元 /m^2·月，每月一室两厅最低价格仅 1287 元，约为周边租金标准的七成。八大家花园人才公寓共有 4 种户型（一居室、二居室、三居室、四居室），建筑面积 48.57～143.92m^2。标准装修，配置有热水器、抽油烟机、冰箱、洗衣机、床、床头柜、衣柜、桌子等生活家具家电，基本可以拎包入住（表 3.13）。

八大家花园人才公寓及周围楼盘租金比较　　　　表 3.13

楼盘	月租金单价 /（元 /m^2·月）		物业管理服务费 /（元 /m^2·月）
	单租	合租	
八大家花园	18.2	20.8	1.41
联泰香域水岸	约 33.3	26.4～30	2.7
大华瑞府	28～30	26.5～33.0	2.6

特别困难的家庭，如符合廉租住房保障条件的家庭可以申请租赁补贴，政府应分情况给予补助。很多城市都采取了分层实施、梯度保障的方式提供补贴，以北京市 2015 年起实行的公共租赁住房租金补贴政策为例（表 3.14）：

北京市 2015 年公共租赁住房补贴政策　　　　表 3.14

申请条件	申请当月前 12 个月家庭人均月收入≤2400 元； 3 人及以下家庭总资产净值≤57 万元； 4 人及以上家庭总资产净值≤76 万元； 通过市、区县住房保障管理部门公开配租方式承租公租房
补贴标准	公租房租金补贴 = 公租房租金标准 × 补贴比例 × 补贴面积 补贴建筑面积上限为 60m^2； 超过上限的，按上限取值；低于上限的，按实际承租建筑面积取值

续表

分档补贴比例	城市最低生活保障家庭、分散供养的特困人员补贴比例95%； 城市低收入家庭补贴比例90%； 人均月收入≤1200元的家庭补贴比例70%； 1200元＜人均月收入≤1600元的家庭补贴比例50%； 1600元＜人均月收入≤2000元的家庭补贴比例25%； 2000元＜人均月收入≤2400元的家庭补贴比例10%

3. 房源：包括新增的廉租住房，原有的廉租住房也逐步并入公租房房源。新建公共租赁住房以配建为主，还可通过改建、收购、在市场上长期租赁住房等方式多渠道筹集。外来务工人员集中的开发区和工业园区，由当地政府按集约用地的原则，引导各类投资主体建设公共租赁住房，面向园区就业人员出租。

4. 资金来源：市、县人民政府直接投资，加强与社会资本的合作；省、自治区人民政府给予资金支持，中央给予适当的资金补助。原来用于廉租住房建设的资金调整到公共租赁住房建设投资。

政府的资金补助是公租房融资的重要资金来源，"十二五"期间，政府的财政拨款占公租房建设资金来源的31%。土地出让金收益是融资来源的另一个主要方式，土地出让金约占建设总成本的60%左右，而土地出让金的净收入能达到出让金的四成，2018年上半年地方政府收取的土地出让金达到26941亿元，以此推算仅六个月的土地出让金净收益就可以达到10000亿元，根据政策，土地出让金净收益是能够作为公租房建设项目的资金来源的。除此之外，银行贷款、债券、保险资金也是公租房融资的渠道[42]。

"PPP+类REITs"（图3.3）是创新的公租房融资模式。"PPP模式"即政府与私人组织之间，为了提供某种公共物品和服务，以特许权协议为基础，彼此之间形成一种伙伴式的合作关系，并通过签署合同来明确双方的权利和义务，以确保合作的顺利完成，最终使合作各方达到比预期单独行动更为有利的结果。实际上此类模式在

2015年以后在包括棚户区改造项目的保障性住房领域得到广泛应用，部分政府责任以特许经营权方式转移给社会主体（企业），政府与社会主体建立起"利益共享、风险共担、全程合作"的共同体关系，政府的财政负担减轻，社会主体的投资风险减小。而REITs即不动产投资信托基金，是一种证券化的产业投资基金，项目机构通过发行股票（基金单位），募集公众投资者资金，由专业的投资公司进行投资运作管理，通过多元化的投资，选择不同地区、不同类型的房地产项目进行投资组合，在有效降低风险的同时通过将出租不动产所产生的收入以派息的方式分配给股东，从而使投资人获取长期稳定的投资收益。

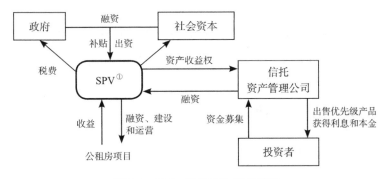

图 3.3 PPP+ 类 REITs 运作模式

由于国外REITs运营政府会减收一定的企业所得税，而中国没有相关的税收减免政策，加之项目出让时传统的"子公司"股份转移税费高昂，税费压力会导致投资人的本金回报大幅度减少。新的"类REITs"在运营和出让环节有了进一步的改进，项目公司标

---

① SPV，全称 special purpose vehicle 即有特殊目的的载体，通常指仅为特定、专向目的而设立的法律实体。在此情境下指为取得土地使用权成立的公司。相比普通公司，往往 SPV 除设立的特定目的外，没有独立的经营、业务等职能，其主要优点是隔离风险以及便于项目的转让。

的物业运营所得净收入优先通过偿还委托贷款本息的方式分配给"类 REITs"产品投资人,少量剩余收入用于税后分红,此外,通过"孙公司"的方式规避不动产转让环节的税费,节税效果明显,使得"类 REITs"产品的推行有了可行性。

5. 建设标准:可以是成套住房,也可以是宿舍型住房。成套公共租赁住房单套建筑面积严格控制在 60m² 以下,以 40m² 左右的小户型为主。

6. 政策支持:资金、税收方面,地方政府注入资本金、投资补助、贷款贴息等,并对建设和运营给予税收优惠,行政事业性收费和政府性基金给予一定减免。鼓励金融机构发放公共租赁住房中长期贷款等。

2019 年财政部、税务总局关于公共租赁住房税收优惠政策的公告中,详细规定了公租房有关税费减免的项目,包括免征建设用地和建成后占地的使用金,公租房建设、管理涉及的印花税,部分转让房源免征土地增值税等。

3.4.3 公共租赁住房的申请条件

自公租房与廉租房并轨以来,不少城市都对公共租赁住房的建设管理进行了细化,2019 年部分城市的申请条件如下(表 3.15):

中国几个主要城市公共租赁住房申请条件　　表 3.15

城市	申请者	收入标准	住房标准	申请要求
北京	本地居民	3 口及以下家庭年收入≤10 万元;4 口及以上家庭年收入≤13 万元	本地居民家庭人均住房使用面积≤15m²;外来申请者本人及家庭成员在本市均无住房	本市城镇户籍
	新就业大学毕业生、外来务工人员			连续稳定工作一定年限,有同期暂住证明、缴纳住房公积金证明或社会保险证明

续表

城市	申请者	收入标准	住房标准	申请要求
武汉	本地居民	家庭上年度人均月收入<3000元，单身居民<3500元	无房户或人均住房建筑面积低于16m²	本市城镇常住户口，共同申请人具有本市城镇常住户口或持有本市居住证
武汉	新就业职工	家庭上年度人均月收入<3000元，单身居民<3500元	无房户或人均住房建筑面积低于16m²	本市城镇常住户口或持有《武汉市居住证》；大中专及以上学历，且毕业未满6年；已与用人单位签订一年（含）以上期限的固定劳动聘用合同，且正常缴纳社保或住房公积金；在本市范围内无房且未承租公房
杭州	本地居民	家庭上年人均可支配收入<47691元	市区无房；新就业大学毕业生及创业人员直系亲属在本市区无住房资助能力——申请人（配偶）直系亲属在市区拥有2套以下住房或人均住房建筑面积<50.55m²	市区常住城镇居民户籍5年（含）以上
杭州	新就业大学毕业生及创业人员	家庭上年人均可支配收入<47691元	市区无房；新就业大学毕业生及创业人员直系亲属在本市区无住房资助能力——申请人（配偶）直系亲属在市区拥有2套以下住房或人均住房建筑面积<50.55m²	中级（含）以上职称，或高级（含）以上职业资格证书，或本科及以上学历毕业未满7年（硕士及以上学历者不受限）；市区单位1年（含）以上劳动合同，连续缴纳住房公积金或社会保险金6个月（含）以上，或持有市区营业执照和1年（含）以上完税证明
杭州	市区常住城镇居民户籍，或市区居住地有效期内的《浙江省居住证》（或《浙江省临时居住证》）	家庭上年人均可支配收入<47691元	市区无房；新就业大学毕业生及创业人员直系亲属在本市区无住房资助能力——申请人（配偶）直系亲属在市区拥有2套以下住房或人均住房建筑面积<50.55m²	中级（含）以上职称，或高级（含）以上职业资格证书，或本科及以上学历毕业未满7年（硕士及以上学历者不受限）；市区单位1年（含）以上劳动合同，连续缴纳住房公积金或社会保险金6个月（含）以上，或持有市区营业执照和1年（含）以上完税证明
长沙	本市城区城市户籍	城区中等偏下收入标准：家庭人均可支配收入每月≤2524元	无自有房或家庭人均住房建筑面积<15m²	家庭成员至少1人有本市城区常住户口5年以上；离异、丧偶或年满30周岁未婚城市户籍低收入单身申请人须区级以上人民政府认定为特殊困难急需救助对象
长沙	新就业大学生	城区中等偏下收入标准：家庭人均可支配收入每月≤2524元	本市城区范围内无自有住房	大中专及以上学历且毕业未满5年；市区就业且已连续缴纳社会保险1年以上（含）

续表

城市	申请者	收入标准	住房标准	申请要求
长沙	外来务工人员	城区中等偏下收入标准：家庭人均可支配收入每月≤2524元	本市城区范围内无自有住房	持有本市城区有效居住证；市区单位劳动合同满1年，且已缴纳社会保险3年以上（含）

3.4.4 发展公共租赁住房的意义

回首公共租赁住房的发展历程，不难发现它的诞生正是在2008年经济危机之后，房价飙升之时。国家大力发展廉租住房保障最低收入的住房困难家庭，却对务工群体、新就业职工等大量人群没有提供相应的住房保障形式，这些群体因户籍和收入等原因处于夹心层，居住条件仍然困难[43]。因此发展公共租赁房具有以下作用：

1. 保障"夹心层"的住房权益。经济适用房的价格实际上几乎无法迎合低收入群体，再加上廉租房的保障范围过窄，部分大中城市商品住房价格较高、上涨过快、可供出租的小户型住房供应不足等原因，一些中等偏下收入住房困难家庭无力通过市场租赁或购买住房的问题突出，"夹心层"住房之困日益凸显。公共租赁住房扩大了保障范围，面向中等以下收入群体，只租不售，价格比廉租房略高，寻租空间极小；在一定程度上，其保障范围也实现了与商品房的对接，有利于解决"夹心层"的住房问题。随着收入的增长，部分"夹心层"群体将具备通过市场解决住房的支付能力，其腾退出的公租房将继续满足其他需求者，形成良性循环。

2. 引导城镇居民合理住房消费，调整房地产市场供应结构。中国目前正处于高房价时代，住房资源较为紧缺，私人出租住房暂时难以成为租赁住房的主体，尤其是大中城市，可供出租的房屋数量远不能满足需求。大力发展公共租赁住房可以为居民提供适当的房源，完善住房供应体系。运营规范的公租房既能减轻中低收入群体购买住房的经济压力，也能鼓励居民租房，正确引导国民的住房消费理念，让"先租后买""由小及大"成为新的趋势。有助于平衡供求关系，削弱房价上涨的基础，对抑制过高的房价产生积极作用。

此前，公共租赁住房的发展过程也遇到了保障对象定位不清晰、资金来源短缺等问题，随着两房并轨，公共租赁住房成为中国保障性住房建设的重点。在新常态的经济形势下，许多省市已表示不再新建公共租赁住房，而将公共租赁住房与去库存这一短期目标结合起来，由市场筹集房源，发展租赁市场、消化现有库存、减少政府直接投资，这是住房保障制度的重大变化。笔者认为，公租房的保障范围及推广程度仍有一定局限性，随着户籍制度的逐渐开放而面向更多外来务工人员提供保障值得考虑。

3.5 棚户区改造：民生工程与城市综合环境提升

城镇棚户区作为一种现象逐渐进入城市发展规划的视野。棚户区一般是指城市规划区域范围内，仍在使用、集中连片、年久失修的简易结构房屋。其建筑密度大，基础设施不健全，生活环境恶劣，安全隐患多。这些城镇棚户区大多是因为中华人民共和国成立初期产业规划和社会组织缺失，在住房极度紧缺的情况下，依附于工业厂矿区，私搭乱建、无序滋生、自发蔓延而成，之后逐步扩展到城市中心区。由于现在中国的各个城市中存在大量的棚户区，阻碍了城市化的发展，也对其周边的环境和居民的日常生活造成负面影响。

棚户区改造主要对象是：国有垦区危房改造、国有林区棚户区改造、城市棚户区改造、中央下放地方煤矿棚户区改造。

棚户区改造工作的实质是为了改善棚户区群众的生活居住环境和城市环境，在当下这个阶段已经成为关系到千家万户生活利益的一项重大政策。棚户区改造以"政府主导，市场运作"为改造原则进行实施，在改造中会给予参与棚户改造的居民应有的补贴措施，政府鼓励以货币补贴的方式给予参改住户，这样不仅可以解决改造补偿问题，也能促进城市中房地产去库存进度以达成双赢的局面。除此之外还有税费减免、土地出让收益返还以及允许再改造项目里配套建设一定比例商业服务设施和商品住房等优惠政策，支持让渡部分政府收益，吸引开发企业参与棚户区改造项目[44]。

3.5.1 棚户区改造的发展过程

2005年，建设部出台《关于推进东北地区棚户区改造工作的指导意见》，要求辽宁、吉林、黑龙江三省率先开始探索大规模改造城市棚户区的途径及方式。对东北地区率先进行棚户区改造是因为在改革开放后中国快速发展的这段时期里，东北作为重要的资源区和工业生产区，需要大量的劳动力。为了提升工作效率，工人在生产基地周边没有规划地建造了一些生活区。在当时大环境下坚持先生产后生活并没有错，但是对于整个居民生活区的建设并没有按照生活区的标准修建，包括住房的供水供电，交通道路的修缮，导致东北部分地区的矿区满目疮痍，破烂不堪。直至今日，资源型城市面临很多问题，资源开发已经进入枯竭状态，部分工业也被新型技术取代。一些旧的开采区、旧厂房都已被填埋或拆除，但当时的衍生生活区依然存在。对这些年代久远、条件极为恶劣的棚户区改造工作应是首当其冲。

2007年，在东北三省棚户区改造取得良好成效的基础上，国务院发布《关于解决城市低收入家庭住房困难的若干意见》，提出政府要因地制宜，集中改造成片棚户区，推进旧住宅区的综合整治。年底，棚户区改造被纳入国家保障性安居工程，成为解决城市低收入家庭住房困难最有效的改造政策。同时也提出，为了能确保房屋的质量和使用功能，棚户区改造房屋也要和其他经济适用住房、廉租住房一样，以经济适用为建设主线，提高整体改造规划的设计水平，在较小的户型中保证实现基本的使用功能。按照发展节能环保型住宅的要求，在改造设计中推广新材料、新技术、新工艺。

2008年国务院办公厅发布《关于促进房地产市场健康发展的若干意见》，提出要用3年时间基本解决240万户林区、垦区、煤矿棚户区居民住房改造问题。首先要加大廉租房建设力度以及完善筒子楼、旧危楼的改造方式等，以缓解困难低收入群众的住房问题。其次需要加快实施中央下放煤矿棚户区、国有林区、垦区和开采沉陷区维修搬迁民房的改善工程，以解决棚户区居民的住房困难问题。最后要加强建设经济适用住房力度，以实际情况出发，各个地区加强经济适用住房供给。

2009年底，住建部发布《关于推进城市和国有工矿棚户区改造工作的指导意见》指出，城市和国有工矿棚户区改造是改善民生的重大举措。把改善群众的生活条件作为基本目的，秉持因地制宜、区别对待等基本原则。要求与廉租住房、经济适用住房结合起来建设，用5年左右时间基本完成集中成片的棚户区改造[45]。国有工矿棚户区安全隐患突出，严重影响到群众的财产以及人身安全，与现代化城市建设很不协调。国有工矿棚户区中家庭困难群众占比较大，尤其是退休职工、下岗失业人员比较集中。实施棚户区改造将会有效地缓解群众的生活压力，提高生活质量，改善生活环境。

2010年国务院办公厅发布《关于促进房地产市场平稳健康发展的通知》，要求通过棚户区改造等方式增加保障性住房房源。加快推进保障性安居住房的建设，解决中等偏下收入群体的住房问题。缓解近年来出现的房价增长过快，房地产市场回升给群众带来的住房压力。到2012年末，改善1540万户低收入住房困难群体的居住条件[46]。

2012年住建部发布《关于加快推进棚户区（危旧房）改造的通知》，把棚户区改造作为城镇保障性安居工程的重要内容，城市棚户区（危旧房）改造要注重旧住宅区有机更新、旧住宅性能充分利用和历史文化街区保护。"十二五"期间城市棚户区改造和原居民住房改建工程，统一纳入国家城镇保障性安居工程规划计划。到"十二五"期末基本完成全国成片棚户区的改造。改造中可配建一定量公租房，安置符合条件的保障家庭[47]。

2013年中央人民政府发布《国务院关于加快棚户区改造工作的意见》（以下简称《意见》），并再次提出棚户区改造是一项重要的民生工程和发展工程。自2008年开始，各个地区、各相关政府部门将棚户区改造这一项目进行全方位、大规模的推进实施。政府工作报告显示，2008—2012年的4年中，全国范围已进行改造各类棚户区达1260万户，占同期城镇保障性安居工程3100万户开工量的40%[48]。有效地缓解了城市中一边高楼林立，一边破旧不堪危房遍地的矛盾局面，很大程度上提升了城镇综合承受能力以及城市化水平，也改善了城市中困难群体的居住条件。为了进一步加大改造力度，提升改造效率，《意见》要求在2013—2017年内完成改造各类棚户区1000万户。在加速推进集中成片城市棚户区改造的基础上，各地方相关部门需做好逐步将其他城中村、棚户区改造的工作。

2014年，李克强在政府工作报告中指出："今后一个时期，着重解决好现有'三个1亿人'问题，促进约1亿农业转移人口落户城镇，改造约1亿人居住的城镇棚户区和城中村，引导约1亿人在中西部地区就近城镇化。要更大规模加快棚户区改造，决不能一边高楼林立，一边棚户连片。"

截至2014年底，住建部的统计数据显示，全国共改造各类棚户区住房2080万套，其中，2011—2014年棚改开工1590万套，有效改善了困难群众的住房条件。并制定了城镇棚户区和城乡危房改造及配套基础设施建设三年计划，2015—2017年，改造包括城市危房、城中村在内的各类棚户区住房1800万套。积极推进棚改货币化安置。

2015年，国务院发布《关于进一步做好城镇棚户区和城乡危房改造及配套基础设施建设有关工作的意见》，指出待改造的棚户区多为基础差、改造难度大的地块，要加快配套基础设施建设，扩大有效投资。

2016年，住房和城乡建设部办公厅、国家发展改革委办公厅、财政部办公厅发布《棚户区改造工作激励措施实施办法（试行）》。每年的一月份，住建部对于上一年度棚户区改造工作完成较为突出的部分地区，会商国家发改委、财政部提出拟予激励支持的建议名单。财政部和住建部在安排中央财政城镇保障性安居工程专项资金时，对受表扬激励的地方给予适当倾斜支持。在对棚户区改造工作中出现以下情景之一的，实行一票否决，不列入激励名单：

1. 棚改年度任务未完成的；
2. 在国务院大督查中发现问题较多、工作不力的；
3. 对上一年度棚改工作审计发现问题整改不力、进展缓慢的；

4.存在其他严重问题,有必要取消其激励支持资格的。

2016年3月15日,住建部副部长倪虹在十二届全国人大四次会议的记者会中特别提出了棚改三年行动计划,2015目标任务是580万套,实际上开工了601万套,力度是空前的,规模也是最大的。2016年是"十三五"计划开局之年,根据政府工作报告显示,2016年要提高货币化安置比例,同时还要开工改造600万套。

2017年住建部部长陈政高在国务院举行新闻发布会上就棚户区改造项目提到:2016年棚户区改造货币化安置达到了48.5%,全国房地产去库存大约达到2.5亿m^2。自2015年开始实施棚户区改造三年计划以来,根据国家统计局的统计数据,2015年末商品房待售面积7.18亿m^2,2016年末是6.95亿m^2,下降了3.2%。同时,商品住宅下降也比较快,下降了11%,2015年末绝对数是4.52亿m^2,2016年末是4.03亿m^2,去库存取得了初步成效[49]。2015—2017年棚改计划中,2015年棚改开工601万户,2016年棚改开工606万套,2017年棚改开工609万套,三年棚改任务顺利完成。根据《中共中央国务院关于进一步加强城市规划建设管理工作的若干意见》提出的要求,到2020年要基本完成现有城镇棚户区改造任务。对接下来的三年,国务院提出了新一轮"三年棚改攻坚计划"。目标是2018—2020年,中国将再完成棚户区改造1500万套,棚户区改造继续攻坚(图3.4)。

2018年全国各类棚户区改造开工628万套,顺利完成年度目标任务。全国保障性安居工程财政支出达7372亿元,同比增长46.4%,支持棚户区改造开工626万套,完成30万套公租房配套基础设施建设,完成农村危房改造190万户[50]。10月8日,李克强在国务院常务会议上强调:"这项工作对改善住房困难群众居住条件、补上发展短板、扩大有效需求等发挥了重要作用,可以说

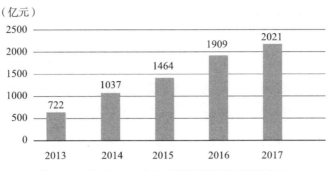

图 3.4 2013—2017 年中央落实棚改计划补助资金

'一举多得'。棚改要更好体现住房居住属性,要切实把这件好事办好。"数据显示,在党中央、国务院部署下,近年来各地区、各有关部门大力推进棚改工作,累计已有 1 亿多棚户区居民"出棚进楼"。通过棚户区改造,帮助 1200 多万农民就地转化为市民;累计开工改造国有工矿棚户区 305 万套、林区棚户区 166 万套、垦区危房 238 万套,促进了国有工矿区、林区、垦区的可持续发展。棚改还带动了投资消费增长。2013—2018 年,棚改完成投资 7 万多亿元,有力带动建材、装修、家电等相关产业发展,棚改及相关产业总投资超过 15 万亿元。

2019 年全国棚户区改造按照"三年棚改攻坚计划"持续稳步推进。

3.5.2 棚户区改造的运作模式及特点

城镇棚户区改造从最初的国有工矿棚户区改造发展到城镇危旧房改造,遵循着从局部到整体的规律。笔者在此主要讨论城镇危旧房的改造,其大体的运作模式及特点如下:

1. 性质:是改善符合条件的棚户区居民住房环境的重大民生工程。

2. 原则：政府主导，市场运作；因地制宜，分步实施；依法拆迁。

3. 政策支持：

税费政策（表3.16），根据2013年国务院《国务院关于加快棚户区改造工作的意见》[51]免征城市基础设施配套费等各种行政事业性收费和政府性基金。新建安置小区供水、供电、排水、通信、道路等市政公用设施，由各相关单位出资配套建设。

各类棚户区改造可享受的税费优惠政策　　　　表3.16

征税对象	相关单位	项目	优惠政策
改造安置住房	地方税务机关	建设用地	免征城镇土地使用税；免征涉及的印花税、土地增值税；免征或减半征收契税、个人所得税
		安置住房建设和通过收购筹集安置房源	执行经济适用住房的税收优惠政策
	电力、通信、市政公用事业	新建安置小区市政公用设施	有线电视和供水、供电、供气、供热、排水、通信、道路等，由各相关单位出资配套建设，并适当减免入网、管网增容等经营性收费
棚户区改造项目	地方税务机关	行政事业性收费	防空地下室易地建设费、白蚁防治费等项目
		全国政府性基金	城市基础设施配套费、散装水泥专项资金、新型墙体材料专项基金、城市教育附加费、地方教育附加、城镇公用事业附加等项目
企业参与政府统一组织的工矿（含中央下放煤矿）棚户区改造、林区棚户区改造、垦区危房改造	地方税务机关	企业用于符合规定条件的支出，包括用于政府统一组织的棚户区改造支出	在企业所得税前扣除

总的来说，其中针对城市棚户区改造的税费政策设计主要包括有三个层次，免税优惠、免收行政事业性收费和政府性基金以及作为政府对于棚户区改造中的经济适用房和廉租住房用地实行划拨供应，免收土地出让金。简单来说，就是对使用棚户区改造项目用地的企业或个人，免征土地使用税；在土地转让过程中，企业或个人本应缴纳的各项税费进行减免；在政府向棚户区改造项目所有者提供服务时，免收或减收行政性收费和事业性收费；对采用划拨供应的棚户区改造项目用地，可以免收或适当减收土地使用者向各级政府土地管理部门支付的土地出让全部价款。针对棚户区改造项目的税费政策不仅仅意在降低成本，调动企业积极性，其对中低收入人群的直接优惠力度也非常大，比如减免契税中，对个人购买经济适用房的按1%征收契税，这对确有困难的中低收入棚户区拆迁家庭购买新的住房起到减轻经济压力的效果，提高了棚户区住户的征收意愿，有助于推进棚户区改造项目，改善民生。

以江西省为例，其在推动保障房建设过程中实施了一系列优惠政策。据不完全统计，2008—2012年4年期间，江西省已减免税费资金总额近30亿元，有效降低了建设成本，稳步推进了保障房建设。对保障性安居工程一律免收各项行政事业性收费和政府性基金；对保障性安居工程项目用地按划拨方式供应，除依法支付土地补偿费、拆迁补偿费外，一律免缴土地出让收入；对所涉及的各类经营性收费进行减免。

土地供应，城市和国有工矿棚户区改造安置住房用地纳入当地土地供应计划优先安排，简化审批流程，提高审批效率。涉及的经适房和廉租住房建设可以以划拨方式供地。

年度激励名单，每年1月，住房和城乡建设部根据上一年度棚改工作情况，会商国家发展改革委、财政部，提出拟予激励支持的建议名单（表 3.17），并报送国务院。激励支持对象是指年度棚改工作积极主动、成效明显的省（自治区、直辖市，含兵团）。

拟激励支持地方名单考虑要素　　　　表 3.17

考察项目	具体内容
政府职能	棚改年度任务、工作进度、货币化安置情况、中央预算内投资项目开工和投资完成情况、中央财政补助资金使用情况
项目评估	资金筹集、工作成效、日常管理、守法执规等情况
监察来源	国务院大督查、部门日常督查、相关专项督查、审计等情况综合评定

年度激励支持的省（区、市）数量在8个左右，并适当兼顾东、中、西部地区的差异。2018年棚户区改造工作拟激励支持的12个城市除长沙和乌鲁木齐是省会城市以外，其他均为三四线城市，包括河南省三门峡市、四川省南充市、山东省潍坊市等，可以看出，激励名单实际上是针对更需要政策倾斜和资金支持的城市，以及考虑到激励名单对于全国棚户区改造工作的示范作用。

激励办法，国家发展改革委会同住房和城乡建设部在安排保障性安居工程中央预算内投资时，对受表扬激励的地方给予适当倾斜支持；财政部会同住房和城乡建设部在安排中央财政城镇保障性安居工程专项资金时，对受表扬激励的地方给予适当倾斜支持[52]。

在地方上，各省也有出台类似的棚户区改造工作激励办法以激励棚改工作的推进与落实。2019年7月5日，江西省出台《江西省棚户区改造工作激励措施暂行办法》，每年将确定3个设区市，10个县（市、区）作为棚户区工作激励支持对象[53]。审核方式包括对照"棚户区改造工作评分表"各项考核指标，采取现场核查、查阅资料等多种方式综合评价。"棚户区改造工作评分表"考核指标包括年度目标任务完成情况、棚改范围和标准制定及实施情况、棚改居民安置情况、工程质量和配套基础设施建设情况、审计发现问题整改情况、是否作为典型在国务院大督查中通报表扬等。

4.资金筹集,多渠道筹集资金(表3.18)。

棚户区改造资金筹集渠道 表3.18

资金渠道	出资人	资金支持方式
财政补助	中央政府;省级政府;市、县人民政府	采取适当方式对城市和国有工矿棚户区改造给予资金支持; 可采取以奖代补方式,对本地区棚户区改造给予资金支持; 从城市维护建设税、城镇公用事业附加费、城市基础设施配套费、土地出让收入中,安排资金用于符合条件的棚户区改造支出
银行贷款	金融机构	向符合贷款条件的棚户区改造项目提供贷款,根据项目特点合理确定信贷条件,在信贷资金规模上给予保障
企业支持群众自筹市场开发	国有工矿企业及房地产开发企业	涉及棚户区改造的国有工矿企业积极筹集资金;居民合理承担安置住房建设资金;引导社会资金投入,鼓励共建方式改造
其他		棚户区改造范围内的土地出让收入;社会捐赠

2015年开始,资金筹集向融资机制创新的方向不断推进。市、县人民政府购买棚改服务的管理办法逐步完善。政府购买棚改服务是指通过发挥市场机制作用,按照一定的方式和程序,将政府应当承担的棚改征地拆迁服务以及安置住房筹集、公益性基础设施建设等交由具备条件的社会力量承担,并由政府根据服务数量和质量向其支付费用。而购买棚户区改造服务的资金将划入年度财政预算;发挥开发性金融的支持作用,国开行、农业发展银行等以信贷的方式鼓励开发符合条件的棚户区改造的项目,支持承接棚改任务的实施主体;财政预算确有困难的市、县人民政府可以用政府债券的方式来弥补预算缺口;支持市场化融资,鼓励个人、企业包括多种所有制企业等社会资本的投入,在城市基础设施建设运营中积极推广特许经营等各种政府与社会资本合作式(PPP)(表3.19)。

河北省政府购买棚户区改造服务相关政策　　　表 3.19

实施主体		职责范围
购买棚改服务	区市、县（市）人民政府	政府应当承担的棚改征地拆迁服务以及安置住房筹集、公益性基础设施建设等方面，棚改项目中配套建设的商品房以及经营性基础设施建设不得纳入政府购买棚改服务范围
承接棚改服务	多种所有制企业	依据政府购买棚改服务协议等合同进行市场化融资
第三方评估	专业评估机构、行业管理组织、专家等	对棚改服务实施主体承担的项目管理、工作成效、经费使用等进行综合评估

以河北省政府购买棚户区改造服务相关政策为例，河北省住房和城乡建设厅、省财政厅于 2015 年联合印发《河北省政府购买棚改服务管理办法》（下面简称《办法》），鼓励多种所有制企业作为实施主体承接棚改任务。根据《办法》，政府购买棚改服务的主体是设区市、县（市）人民政府，政府可授权相关棚户区改造主管部门代为实施购买服务工作。

对于承接棚改服务的企业或个人，政府在程序上给予方便。河北省各设区市、县（市）健全行政审批快速通道，简化程序，提高效率，对符合相关规定的项目，加快完成立项、规划许可、土地使用、施工许可等审批手续，支持政府购买棚改服务项目实施。购买工作应按照政府采购法的有关规定，采用公开招标、邀请招标、竞争性谈判、单一来源、询价等方式确定承接主体，严禁转包行为。

第三方评估方面，评估结果将与后续政府购买服务挂钩，对评估合格者，继续支持开展购买服务合作；对评估不合格者，提出整改意见，并取消一定时期内承接政府购买棚改服务资格；情节严重者，依法依约追究有关责任[54]。

对于政府而言，PPP 模式能够在棚户区改造工作中起到减缓财政压力、减轻政府工作量、提高办事效率以及降低项目风险的作用，尤其是对于地方政府的财政情况而言，能够化解债务。而对于成功中标的社会资本来说，大企业大集团能够通过与政府的合作，形成长期合作的目标，为社会民众提供高质量的服务。对于中小企业也可以通过此类项目扩大经营规模积累经验。

宝鸡作为最早一批响应市场化融资号召的地方政府，截止到2016年，共实施各类棚户区改造8.57万套，落地4.6万套，分配入住4.18万套。各级政府为获得足够的资金来支持棚户区的改造项目，于全省率先引进了政府购买棚改服务的模式，在政策、资金和用地等方面均给予社会投标方以支持。另外开发性金融也在宝鸡棚户区改造进程中收到了实际效益。2016年相关数据显示，宝鸡市累计争取国家开发银行、中国农业发展银行棚改政策性贷款超过200亿元，在全国属首个落实国家开发银行贷款以保障棚户区改造工作的城市。

全国范围内开展棚户区改造以来，政府购买服务是棚户区改造项目筹资的主要模式，2017年，国开行、农发行发放棚改贷款分别为4273.9亿、8800亿，合计1.3万亿左右，在这种模式下，资金主要来源于国开行、农发行的贷款资金，地方政府隐性债务难以消化的现象普遍存在。政府开始采用棚户区改造专项债券这一形式解决融资问题。2018年，财政部及住房和城乡建设部联合印发了《试点发行地方政府棚户区改造专项债券管理办法》（以下称《管理办法》），棚户区改造融资迎来了棚改专项债券的时代。棚改专项债券是地方政府专项债的一种，政府自己发行债券，自己还钱，它的主体为省级政府。债券资金由财政部门纳入政府性基金预算管理，并由本级棚改主管部门专项用于棚户区改造，不得用于经常性支出。试点地区的棚改项目应当有稳定的预期偿债资金来源，对应的纳入政府性基金的国有土地使用权出让收入、专项收入应当能够保障偿还债务本金和利息，实现项目收益和融资自求平衡（表3.20）。

地方政府棚户区改造专项债券发行相关政策　　　　表3.20

管理办法	针对对象	具体内容
信息公开	地方各级棚改主管部门	项目概况、项目预期收益和融资平衡方案
遵循原则	银行间债券市场	公开、公平、公正原则，采取市场化方式
债券期限	证券交易所市场	原则上不超过15年（可根据项目实际适当延长）
监督管理	地方各级政府	要求收益和融资自求平衡 腾空的土地及时交由国土资源部门统一出让；地方政府举债限制于棚改专项债券范围内

地方各级政府及其部门不得通过发行地方政府债券以外的任何方式举借债务，除法律另有规定外不得为任何单位和个人的债务以任何方式提供担保。棚改专项债券对应项目形成的国有资产，应当严格按照棚改专项债券发行时约定的用途使用，不得用于抵押、质押。

为了保证监管有力有效，《管理办法》明确提出，地方各级财政部门、棚改主管部门在棚改专项债券监督和管理工作中，存在滥用职权、玩忽职守、徇私舞弊等违法违纪行为的，将按照国家有关规定追究相应责任；涉嫌犯罪的，移送司法机关处理。

2018—2020的新三年棚户区改造政策，愈加强调棚户区改造项目的收益与融资相平衡，总的棚户区改造数量，相较前几年也有所减少，作为整个棚改计划的攻坚期，"新三年计划"正在逐步取消政府购买棚改服务这一模式，但鼓励国家开发银行及中国农业发展银行对收益能平衡的棚改项目继续贷款。2018年财政部在棚户区改造领域开展试点，发挥政府规范适度举债改善群众住房条件的积极作用。在获知今年全国试点发行棚户区改造专项债券的信息后，萍乡市财政局及时向市政府分管领导进行了专题汇报，该局主要领导先后多次前往江西省财政厅沟通衔接，积极争取债券额度，赢得了江西省财政厅的大力支持。最终萍乡市获得江西省财政厅19.74亿元棚改专项债券资金，列四小地市第一。其中，市本级5.11亿元、安源区4.23亿元、湘东区4.16亿元、芦溪县1.95亿元、上栗县2.71亿元、莲花县1.58亿元。截至2019年，数据显示棚改专项债已经发行了3100亿。虽然专项债券的总体发放金额距离之前的金融贷款还有一定差距，但是结合更加严谨的棚改专项债券发行监督办法来看，棚改专项债券意在规避地方政府隐性债务堆积的目的初见成效，而且全国范围内的棚户区改造也进入到了攻坚阶段，2018年以后的棚户区改造计划数比前几年降低了20万套，数量和规模已经不是政府推行政策时优先考虑的部分。专项债券的推行是棚户区改造攻坚期政府政策自我审查积弊下的转向，加强对项目的评估，工程实施过程中的进度、资金去向的监督，总体确保项目的融资与收益相平衡。

5.保障方式，实物安置和货币补偿相结合，由被拆迁人自愿选择。

棚户区改造安置住房用地纳入当地土地供应计划优先安排，房源筹集与建设执行经济适用住房的税收优惠政策。安置房的建设实行原地和异地建设相结合，以就近安置为主，也就是回迁安置房；异地建设选择交通便利、基础设施齐全的区域。

2009年原长沙锁厂棚户区改造项目启动，三力公寓就是为原地安置棚改户而建的保障房与商业地产项目，总投资约2.3亿元。项目地上工程32层，地下2层为车库，共有住宅351套，其中103套为拆迁安置房。公寓已于2014年7月24日完成竣工验收。棚改项目开工后，采取先拉通道路，再原地建安置房的办法。原长沙锁厂的职工宿舍，大部分是 20 世纪 70 年代的筒子楼，每户的居住面积一般是 20～40m²，一条走廊连接着 6 户，共用两个公共厕所，隔声效果也一般。拆迁户的补偿政策是，不够 45m² 的，新房补足到 45m²，政府再赠送 10m²。除此之外，大多数的住户选择自己补钱多买 10m²，加起来共 65m²，购买 2 房 1 厅的户型，也有一部分老职工再自掏腰包购买 94m² 的户型。

为了能满足棚户区改造项目的资金需求，2014 年央行创设抵押补充贷款（PSL）货币政策工具，即通过货币政策加大对"棚户区改造"的信贷支持力度，保证棚改资金充足[55]。2015 年开始，为了促进住房消费，去除商品房库存，带动有效投资，棚户区改造进入了以货币补贴为主的时代。

2015 年国务院 37 号文提出"积极推进棚改货币化安置"，被拆迁人可得到与安置房等价的安置费，自由购买住宅。该政策推行的初衷，是改善困难家庭住房条件的同时，推进房地产去库存。去库存和棚户区改造的结合使得货币化安置在棚改中的占比一路上升，棚改货币安置的占比由 2014 年的 10% 上升至 2016 年的 48.5%，到了 2017 年部分地区占比达到 100%。

棚改货币化安置是政府先拿土地做抵押向国开行贷款，政府拿到贷款后拆一户房子就直接发放资金补贴给拆迁户，拆迁户直接拿补贴去购买商品房解决自己住房问题。这就意味着大量棚改户间接拿到央行补贴金。同时，该模式也会刺激当地的购房市场需求，可以交易出大量的库存房，达到城市住房去库存的效果。

货币化安置大致包括三种方式（图 3.5）：政府搭建平台，棚改户直接从开发企业选房；政府通过补贴或直接购买开发商的楼盘或其中部分房源供给棚改户；棚改户拿到全额的补偿房款到市场上自主选择或他用。

方式	特点	补偿方法示意图
1	被拆迁人获取货币补偿后可直接购买政府修建的安置房，优点在于价格低廉，可享受政府给予的安置房优惠政策。缺点是政府修建的安置房位置一般较为偏僻，交通相对不便利	
2	被拆迁人房屋出让后政府不给予被拆迁人货币补偿，而是在原地段修建新安置房后按照同等面积补偿给被拆迁户，或者在其他地段修建安置房，按照等市价原则补偿给被拆迁户。优点是补偿流程比较直接，被拆迁户利益更有保障。缺点是过渡期较长	
3	被拆迁人房屋出让，获取政府货币补偿款后，被拆迁人根据自己意愿购买商品房。优点是购房选择性更大，加快该地区的房屋去库存。缺点是商品房价格较昂贵，在货币补偿款的基础上还要增加投资	

图 3.5　拆迁补偿方式示意图

以长沙市为例（表 3.21），2015 年，长沙市岳麓区桐梓坡大板房棚户区改造启动。货币安置由于其选房自由、购房优惠等特点成为 2571 户居民的首选，岳麓区筹集了 1874 套优惠商品房及 600 多套廉租房供选。政府也加大货币安置力度，对符合条件的征收对象给予 15 万元的棚改补贴，鼓励群众到市场自助购房。73 岁的周仲林老人一家五口原本居住在 40m² 的房子里，棚改后，周老用 51 万元征收款和 15 万元棚改补贴住进了一套 74m² 的新房。

长沙市 2015 年棚户区改造安置补贴细则　　　表 3.21

补贴前提	申请对象	申请条件	补贴标准
内五区范围内；棚户区改造中选择货币补偿并在规定期限内签订征收补偿协议；除被征收房屋外无住房	被征收房屋产权人	本市城区常住户口；	棚户区改造安置补贴标准：每户 15 万元
	公房承租人	三年以上本市城区常住户口； 单身男士年满 25 周岁； 单身女士年满 23 周岁	
	被征收房屋关系人	三年以上本市城区常住户口，且户口在征收公告前已迁入并居住在征收范围； 单身男士年满 25 周岁； 单身女士年满 23 周岁； 住房保障家庭低收入认定证明（或长沙市城市居民最低生活保障金领取证）； 婚姻存续期间有住房但现无他处住房的离异单身及曾有房屋（含福利分房）产权记录者，5 年后方可提出申请	

在政策的支持下，长沙市 2015 年共有 3115 户棚改居民使用了 4.67 亿元自主购房，全市通过棚改区改造促进住房消费约 200 万 m^2、118 亿元，达到了改善民生、加快征拆、消化存量等一举多赢的效果。

为鼓励棚户区改造的住户选择货币化安置的方案，成都市政府在充分尊重群众意愿的基础上，采取多种措施。基于货币化安置的多种优势和近年来成都市群众选择货币化安置比例呈逐年增高的实际情况，成都市人民政府制定了相应的优惠政策：对于选择货币化安置的居民，住宅和非住宅分别按被改造房屋评估价的 30%、20% 给予购房补贴；在发放提前搬迁奖励时，另给予每平方米不超过 500 元的面积奖；在改造中通过改造意愿调查、补偿方案征求意见以及签订模拟搬迁协议三个环节充分征询群众意见，以群众意愿确定货币化安置的比例；制定《成都市棚户区改造政府组织居民自主购买安置房管理办法》，积极搭建服务平台，明确组织居民自主购买安置房的具体要求和操作流程。2014年上半年开始，成都市以住宅与房地产业协会名义开展了"房企走进棚户区"活动，采取统一印制购房服务手册并发放给每一户改造居民，协调开发企业在改造居民签订补偿安置协商时现场服务等方式，及时看房，当场签约，确保以较为优惠的价格向棚户区改造居民出售商品房。2014年，成都市有102家开发企业参与该项活动，提供108个楼盘，3万多套普通商品住房，成交了（含意向）3000多套。《成都市商品住房购房登记规则指引》规定，为支持棚改货币化安置住户的居住需求，房地产开发企业应在当地房产行政主管部门的指导下，按不低于当期准售房源总量的10%公开用于棚改货币化安置住户"优先购买"。如果登记购买的棚改货币化安置住户人数少于上述房源数量，剩余房源纳入总房源统一面向社会公开摇号销售[56]。

随着棚户区改造工作的不断推进，棚户区改造规模不断扩大，货币安置政策的深入推广，部分地区可供市民购置的商品房面临着供不应求的局面，房价水涨船高，棚户区改造政策也开始转向，集中表现在货币化安置政策上。

货币化安置政策的收缩在开放性金融上率先得到体现。在2017年底，住房和城乡建设部就明确表示，对商品住房库存不足、房价上涨压力较大的地方，仍主要采取货币化安置的2018年新开工棚改项目，开发银行、农业发展银行棚改专项贷款不予支持。2018年10月8日，国务院常务会议部署推进棚户区改造工作，明确提出要因地制宜调整完善棚改货币化安置政策，商品房库存不足、房价上涨压力大的市县，要尽快取消货币化安置优惠政策。随着棚户区改造货币化安置政策收紧，2019年全国棚改计划总量下降，计划量比2018年降低24.66%。两会期间，各地方因地制宜调整棚改目标，纷纷削减棚改数量，其中降幅最大的是山东、山西与河南，降幅全部超过70%。2019年政府颁布的农村拆迁新政策中，明确指示将会进一步取消政府购买棚改服务，而是鼓励棚改拆迁实物安置，取消货币化安置奖励。货币化安置的确可以促进城市去库存，但每个地区的实际情况也不一样，有些地方在货币化安置的政策下2—3年即可基本完成去库存，继续实施货币化安置则将导致市场过盛，哄高房价。

从全国数据来看（图3.6），到2018年全国百城楼市的去库存已经基本跌到了2010年的水平，全国性的棚改去库存已经不再必要，因地制宜调整完善棚改货币化安置政策更为合理。之前以高库存著称的呼和浩特市率先取消去库存，长春更是取消"棚改货币化安置奖励"。现在来看，2015年开始全面积及推动的棚改货币化安置政策，随着去库存完成和棚户区改造即将收官也开始全面退潮。

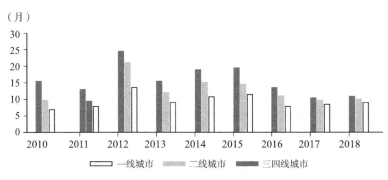

图 3.6　一、二、三线城市新建商品住宅存销比走势

信息来源：环京快讯

至此，棚户区改造的保障方式经历了以实物安置为主到实物安置和货币化安置并举，再到以货币补贴为主，到现在的鼓励拆迁实物安置逐步减少货币化安置的四个阶段。货币化安置政策的提出到大量推广再到逐步取消是政府在面对不同的市场需求和趋势下的对策，政策的实行和推广在初期是希望惠民便民，之后的实行和推广过程慢慢影响着棚户区住户对于补偿方式的倾向，进而影响着市场的供求关系，最终导致市场上商品房价格的提高。房价关乎民生问题，影响到政府的安置政策就需要进行及时地调整，通过精准施策，因城施策，实施好棚户区改造，促进房地产市场平稳健康发展。

总的来说，各级政府根据实际情况，以财政部、住房和城乡建设部和国务院等出台的文件为依托制定具体的棚户区改造的运作模式或者管理办法，随着改造工作在全国范围内的不断推广和深入，各地出现不同的问题成为新的规律和模式，国家政策也跟着调整适应。融资模式和保障方式是整个项目从计划到落地过程中的两大重点，一个关乎资金来源，一个关乎民生基础，这恰好反映了棚户区改造作为民生工程的性质，它不仅要确保改造工程的顺利开展和地方政府未来健康可持续的施政，更本质的是要改善居民的生活水平。不单单是从居住条件、惠民便民等直接方面上来说，还要充分考虑到对更大环境的影响。市场负反馈机制的调节能力是有限的，当市场的变化影响到更广大群众的民生问题时，政府就会对原来的政策进行适当的改变。当然，政策的制定无论何时都更加需要前瞻性，尽可能减少因为政策变动而带来的各种损失。

3.5.3 棚户区改造的意义

棚户区房屋建筑面积小、建筑质量差、人口密度大、卫生条件极差。走进许多隐藏在繁华街道之中的棚户区，拥挤破败的砖房、泥泞不堪的道路、苍蝇环绕的公厕，都与一街之隔的摩天大楼格格不入。棚户区里的居民大部分都是中低收入家庭，下岗失业、退休职工也比较集中。恶劣的生活条件不但严重影响人们的生活，更使棚户区孕育着深刻的社会矛盾，制约了城市的经济发展。随着城市化进程的加快，城镇棚户区改造是提高人民生活水平、发展经济的必经之路，意义深远。

1. 有效改善居民住房条件。棚户区居民绝大多数都是低收入困难群体，群众要求改善居住条件的愿望十分强烈。棚户区改造，能有效改善困难群众的住房问题，增强社会凝聚力，促进社会和谐稳定。

2. 推进城市化进程。棚户区基本都是平房，土地利用率低，改造后的建筑容积率可增加2~3倍，既能提高土地使用价值，盘活存量土地，为城市发展提供空间；更能完善城市功能，提升城市的形象和品位。

3. 落实房地产宏观调控政策。棚户区改造能增加住宅土地的供应，增加住宅有效供给，缓解部分住房供需矛盾，在一定基础上稳定住房价格。当商品房库存过剩时期，棚户区改造可以通过货币补贴鼓励居民购买新房，促进住房消费，达到去库存的目的。

最近的10个月（2018—2019年）是64岁的李桂珍十几年来最轻松舒适的10个月，因为这是她从"脏、乱、差、堵"的棚户区搬到干净整洁新小区的10个月，曾经向往的生活成了现实。

李桂珍之前居住的老房子位于乌鲁木齐市明华街片区。未改造前，这里成片的自建房、拥堵的巷道、随处可见的垃圾与不远处的市中心格格不入，出行难、取暖难、就学难、就医难令当地居民十分烦恼。得益于乌鲁木齐地区棚户区改造工程，明华街片区的居民彻底告别雨天漏水、冬季寒窑般的老房子。

2017年，乌鲁木齐市投资870亿元的老城区（棚户区）改造提升工程全面启动，工程面积约173平方公里，工程惠及160万各族群众。

为了方便居民生活，在老城区（棚户区）改造建设过程中，乌鲁木齐市配套建设了一批符合规划要求、满足群众需要的社区卫生服务中心、文化活动中心、幼儿园、学校、市场、停车库、垃圾站等公共服务设施。

"孩子就近可以上学，看病在社区卫生院就能看，小区还有散步的地方。"克依木·阿不力孜是天山区黑甲山片区阳光雅居二期的居民。这两年他真切感受着老城区改造带来的居住环境新变化，"小区外柏油路、路灯一应俱全，环境彻底大变样。"

按照规划，2019年，乌鲁木齐市将完成6.4万余户老城区（棚户区）居民改造提升工程，到2020年底基本完成现有城镇棚户区、城中村和危房改造。[57]

3.5.4 棚户区改造发展过程中的矛盾

棚户区改造对中国的城市化建设意义重大，各地政府也一直努力改善住房困难群众的居住条件。在改造过程中出现了以下一些问题：

1. 政策界定不清晰，法律法规缺失。国家相关通知所针对的棚户区主要是集中连片的简易居住区（图3.7）。但棚户区的界定始终缺乏定量的衡量标准，各地政府的定义也很少明确。从一些城市已经实施的棚户区改造项目来看，改造户数从十几户到几百户不等，棚户区政策利用有扩大化的趋势，只要区域内有低矮平房，都可以套用棚户区改造政策，成为以公权力征收房屋的借口。个别地方政府为了追求商业开发所带来的利益，将城市中心区域一些年代不算久、基础设施完备、建筑质量较好的房屋也划入棚户区改造的行列，引起居民的强烈反对，最后甚至造成暴力拆迁事件。还有些地方的集体土地房屋建筑也被纳入为棚户区改造的范围内。"棚户区"的概念实际是《国有土地上房屋征收与补偿条例》中的"旧城区"，

图 3.7 棚户区的特点

2014年国务院办公厅下发《关于进一步加强棚户区改造工作的通知》中提到:"棚户区改造涉及集体土地征收的,要按照国家相关法律法规,做好土地征收、补偿安置等前期工作。"也就是说集体土地上的房屋不是棚户区。如要棚改就必须先把集体土地征收为国有后才能进行。有些地方在没有将集体土地征收国有的情况下强行归类棚户区,导致被改造的住户好好的房子就被拆迁,最终却被按照"棚户区改造"的补偿价格给予安置补偿。此类现象已经影响到参与改造居民们的合法利益,这些没有必要的拆迁给居民们带来极大的困扰,更对国家资源造成了很大的浪费。

2. 土地政策难以落实到位。国家规定棚户区配套建设商场、写字楼、酒店等功能时,开发商必须以招拍挂方式得到土地。而某些地方政府自身不愿意拆迁棚户区,会委托开发商拆迁,这种情况待拆迁完毕后，就有可能出现地方政府和开发商达成某种默契，使其得到土地。此外，有时候还会出现地方政府将土地收益以各种名目返还开发商的情况出现。

3. 统筹级别过低，改造不够系统。目前，各地棚户区改造的工程定位比较简单，主要的做法是大规模拆迁重建，把棚户区简单当成房屋修缮或重建，缺乏对社会、经济和文化的统筹思考。居民安置大多限于实现棚户区居民"住得好"的纯建筑本位改造理念，或者将原棚户区建设为绿地、交通节点、商业服务区等，功能单一，很少实现与生产功能、服务功能的融合。不考虑棚户区居民就业和增收能力而改造的棚户区，很容易因缺乏有效的经营管理和脱贫措施导致居民返贫，有些改造后较好的居住条件反而成为居民难以承受的生活负担，背离提高居民生活水平的初衷。

随着公共租赁住房、经济适用住房等保障性住房的建设逐渐停止，城市危房改造也纳入了棚改政策范围，棚户区改造去库存的作用愈加明显，各个城市棚改货币化安置的比例也将适当提高，货币化安置成为棚户区改造的核心。

吉林某地区在棚户区改造过程中，因开发商与地方政府对优惠政策争执不下，导致回迁户无法入住新房。该地棚改项目中有一块地并不符合棚户区改造范畴，却打着棚改的名义开发商业。当地住建局承认，把这块划入到棚户区改造是为了凑棚户区改造的面积指标。按照2007年吉林省给该地方下达的指标，第一批棚户区改造共10万 m²，分三块区进行，其中一块由开发商负责。但开发商拿到地块后，他们所负责的地块又一分为二，其中一半转交给了另外一家开发商负责。当初政府提交的报告中并没有提到还有别家公司。此外，根据当地的棚户区改造规划文件显示，这三块棚户区改造的总占地面积超过17万 m²，规划建筑面积将近30万 m²，远超给该地区下达的棚改面积指标。由此可见，将不满足棚户区标准范围的用地列入到棚户区内只是为了享受国家给出的棚改优惠政策。而后加入的这家开发商可以查到，却没有任何相关信息，法人代表、登记状况都无从查究。整个公司从业人数只有一人，2007 年 1 月 1 日注册，当年 11 月份就被吊销。[58]

棚户区改造被本来是一项为帮助困难群众解决居住问题，提高城市居住环境整体水平的民心工程，给与群众们的优惠政策却被个别地方政府强制掠夺用于非合法开发获利。此类事件以小见大，应得到有关监督部门重视，避免此类事件再次发生。

3.6 城中村改造

"城中村"从字面意思来理解，就是城市中的农村。它一直以来都没有明确的官方定义，从狭义上说，指的是农民所在村落的耕地被城镇征用，农民身份已经转化为城镇居民，但仍居住在村子所在地，逐渐形成城镇中的乡村[59]。广义上说，是指属地在现代城市范围内，但并不按照城市管理和配套，基础设施和建筑环境较差的居民区。城中村是中国城市化进程中出现的一种特殊的社会现象，它有别于棚户区，其形成的原因和特点更为复杂。

3.6.1 城中村的现状

城中村可以说是城市的"夹缝地"。在城市化进程中，伴随着城市用地的拓展，原先的城郊接合部和部分村落逐渐被城市覆盖或包围，村镇的耕地、鱼塘等农业用地逐渐被开发成居住区、工业区，给水、供电、燃气、道路等城市基础设施向农村延伸。越来越多的村民转向非农业活动，工商业逐渐成村中的主要经济来源。城乡用地相互楔入，农民的生活空间逐渐收缩。当村镇耕地几乎全部被征用，聚落完全被城市包围，典型的城中村就此形成。农民不种田，农业收入极少甚至没有，但户口上却仍是农民身份，没有同步城市化。行政上，城中村还属村镇建制，其所属社区由作为村民自治组织的村民委员会管理。

城中村既有城市的特征，也有村落的特征。城与村各方面的冲突日趋明显，给社会带来了一定的负面影响，主要表现在以下几个方面：

1. 建筑密度高，内部用地混乱。城中村往往是自发形成，缺乏统一规划。建筑间距极小，几乎都是违章建筑，"贴面楼""一线天"处处皆是，有些自建楼密集到甚至无法安装空调。巷道狭窄，数万人的城中村，往往只有一两处仅 5～7m 宽的道路对外联系。垃圾遍地，居住环境极差。城中村内厂房、仓库与住所交错盘结，布局混乱。

2. 基础设施不完善。原来作为村镇聚落时就缺乏电信、煤气、给排水等市政设施，当城市逐渐蔓延到此，由于"城中村"缺少城市土地的法律地位，也就缺乏了本该由政府提供的公共服务，市政建设及环境卫生的管理都由农村股份公司和村民自发承担。市政管线往往只作得到粗糙的配套，卫生设施不全，污水横流是常态。管廊空间的缺乏导致各种市政置线极不规范，随意拉线敷管，杂乱无章，隐患极多。

3. 防灾能力薄弱。城中村建筑密集，大部分完全不满足国家防火规范，私搭乱建现象严重，各种电线、老旧建筑密布，一旦起火容易蔓延，消防安全堪忧，消防车难以扑救。同时，原有河流、渠道在城中村发展过程中，或被堵塞，或被截断，一旦有汛情，难以满足城市排洪要求，造成灾害。

4.人口杂乱,组成复杂。原本村里的村民和城市居民一样,主要从事二、三产业;生活方式也逐步城市化。有些城中村的村籍使村民的经济收入不仅超越农民工,甚至超越一般市民。但城中村里往往是村民、市民和流动人口混合居住,鱼龙混杂,入室盗窃、抢劫甚至是黄赌毒等违法犯罪事情屡有发生。加上"城市里的村庄"没有纳入城管、交管等政府部门的管理范畴,几乎都处于城市管理的真空地带,治安形势十分严峻。

3.6.2 城中村改造的是与非

城中村对城市而言固然是有很多不利的影响,但城中村并非一无是处,尤其是对于大中城市而言,城中村扮演着重要的角色。

随着城市经济的高速增长,大量劳动力涌入城市,形成了对廉租房的巨大需求。城中村低廉的房租、优越的地理交通条件,无时无刻不在吸引着外来务工人员及新就业的职工。大多数"城中村"的外来人口数量都远超本地居民,人口规模扩大了数倍。尤其是那些位于城市中心的村子,外来和本地人口可以达到10:1的高比例。广州繁华的天河区中部有着广州最大也是历史最长的城中村——石牌村,它占地$0.73km^2$,本地人不到9000人,外来人口接近10万人,人口密度可谓"见缝插针"。

"城中村"承载了绝大多数的城市底层建设者,这些被大城市的繁华所吸引的外来人口,有的是梦想,缺的是金钱。城中村狭窄的土地上容纳了诊所、书摊、饭馆、服装店、超市、幼儿园……虽然质量低,但功能完整,各种商业形态齐全,几乎所有的需求都能在城中村内部用最高的性价比得到满足,有些外来者甚至还能在此找到就业机会。城中村是"廉价的城市空间",甚至可以看作是一个独立于城市的完整小社会,对某些人在某种程度上可以说是

"宜居"场所。城中村里不乏一些新晋"白领",成为贫穷人口进入富庶生活的跳板。

城中村并不是完全无序的,而是有价值的。在城市政府没有履行对低收入者的居住保障责任时,它平抑了大多数中低收入人群的住房需求。它甚至能自我调节,成为一个相对独立的自组织系统来有序支持城市的运行。由于很多城市在历史规划及城市管理中普遍存在对城市低收入阶层生存需求和状况的"盲区",城中村的存在实际上自发地补充了城市规划与管理的不足,支持了城市功能的正常运转,健全廉价住宅体系,降低城市服务和创业的成本。使很多城市在快速城市化进程中避免了因大量人口涌入而形成贫民窟。大多数城中村基本上都能以较短的距离,服务与其相邻的商业区、工业区,减缓了城市交通的恶化。

如果把城市看成是一个由各种收入和文化阶层组成的社会生态系统,那么城中村真实和充满活力的原生状态一定是城市社会生态系统不可缺少的环节。不但解决了底层老百姓基本的居住需求,还弥补了政府在以往的保障性住房规划中对住房条件之外的生活成本的长期忽略,其存在的意义可以媲美廉租房和公租房。

3.6.3 城中村改造的相关政策与未来

城中村的改造过程往往与棚户区联系在一起,国家一直没有单独的政策和明确的指示。2012年《关于加快推进棚户区(危旧房)改造的通知》有对"城中村"改造最为详细的一条意见:优先改造条件较为成熟、城市建成区内已经将乡村转化为街道办事处的区域。对于土地已被征用、已被城镇包含的村落,可逐步实施改造。

随着政府越来越强调城中村的改造,相关的政策、文件也会跟着出台。城中村的改造牵涉到各方面的利益。不同于棚户区居民，村民在出租房屋的过程中有了稳定而轻松的收益，坐享其成的包租公与吃苦耐劳的打工仔显然前者更有吸引力。加之高涨的地价和房价，不少村民都想依靠政府征地实现一夜暴富的梦想。另外，许多地方政府将"城中村"视为城市的疮疤，在力图铲除之时，不免也有靠征收卖地取得效益的想法，二者之间有一定的利益冲突。但政府与本地村民二者的博弈协商，都甚少考虑外来租户的利益，一个"拆"字不仅让他们失去了便宜居住空间，还破坏了他们的社会支持网络。一旦某一个城中村进入城市规划的视野，租户们只能被迫搬家离开，毫无反抗之力。低收入者的抗风险能力往往是最低的，如果找不到同价位的住房，或同价位的住房在更偏僻的郊外，生活的成本将大大增加，许多家庭倾注一切所换来的生活与经济基础被无情摧毁，本就飘摇的未来变得更加变幻莫测。

城中村与城市之间的相互依存和有机分工是永恒存在的，如果把大部分城中村推倒重建，原本的村民得到大笔安置资金或几套安置房之后，是否就能真正成为城市居民融入城市？而对于大量的城市外来人口而言，当帮助他们度过生活难关的社会资本严重流失，相关的保障房制度建设没有跟上，其在城市的生活将变得更加困难。而大部分没有离开的原租户会转移到新的犄角旮旯，塑造新的"城中村"形态和机能。低收入的劳动者总是会源源不断地涌入，城中村的改造应该是考虑城镇低收入阶层生活而进行的城市环境提质改造，而不是简单的拆房，卖地，盖楼。是否不应再将城中村看作是城市更新和发展过程中必须消除的"非城市"部分，而应该把它们视为有机的城市社区，融入城市管理和服务，是一个值得探讨的问题。

3.7 长租公寓

长租公寓,又名白领公寓、单身合租公寓。简单来说,就是"二房东"将业主房屋租过来,然后进行装修改造,配齐家具家电,以单间的形式出租给周边有需求的人士。由政府提供的公租房等保障性租赁住房也是长租公寓的一种形式。

随着租赁市场崛起,"租房"已经开始逐渐成为新的生活方式流行于城市之中。随着城镇化的不断发展,人口流动性增强,其中相当一部分人由于工作流动且支付能力有限,住房需求主要通过租赁市场来实现。同时,城市流动人口中中低收入阶层的年青一代,对住房租住的品质要求已经越来越高;此外,由于不断上涨的房价导致部分家庭支付能力下降,在一些大中城市,部分常住居民也需要通过租房满足住房需求[60]。以前"租房不买房"的理念曾一度被认为是疯狂的想法。现在,越来越多的人走入租赁市场,接触长租公寓等租赁产品。

3.7.1 长租公寓的发展历程

2015年12月,中央经济工作会议提出,"要明确深化住房制度改革方向,以满足新市民住房需求为主要出发点,以建立购租并举的住房制度为主要方向。"国家开始大力支持住房租赁市场,住建部首次提出建立购租并举的住房制度,推动住房租赁向规模化、专业化发展。

2015年1月,住房城乡建设部出台《关于加快培育和发展住房租赁市场的指导意见》,希望"推动房地产开发企业转型升级",成为租赁住宅的多元供应渠道之一。

2015年11月,国务院办公厅发布《关于加快发展生活性服务业促进消费结构升级的指导意见》,明确提出积极发展长租公寓等满足广大人民群众消费需求的细分业态,鼓励参与企业开展电子商务,实现线上线下互动发展,促进营销模式和服务方式创新。

2016年6月,国务院办公厅正式对外公布《关于加快培育和发展住房租赁市场的若干意见》,出台了一系列鼓励和规范住房租赁市场的政策,尤其是"允许改建房屋用于租赁,允许将商业用房等按规定改建为租赁住房,土地用途调整为居住用地"的政策,被认为是改善商住楼库存的有效手段。政策的导向之下,长租公寓市场蓬勃兴起,成为众多房地产开发商竞相探索的新蓝海[61]。

2016年,万科旗下长租公寓统一使用的品牌"泊寓",已作为独立子品牌运营。

2017年7月,九部委联合发布的《关于在人口净流入的大中城市加快发展住房租赁市场的通知》中提出,搭建住房租赁交易平台、增加租赁住房有效供应、加大对住房租赁企业的金融支持力度等要求,这对促进全国住房租赁市场的发展都有着重要的意义。同时也提到"积极支持并推动发展房地产投资信托基金"。随后,加快REITs试点的提法先后出现在上海、南京、杭州和北京等城市的"租房新政"中。

2017年8月,国土资源部、住房城乡建设部印发并实施《利用集体建设用地建设租赁住房试点方案》,确定在北京、上海、广州等13城开展利用集体建设用地建设住房试点。

2017年10月,国内首单长租公寓资产"类REITs"诞生:新派公寓权益型房托资产支持专项计划在深交所正式获批发行,发行额度为2.7亿元,期限5年,其中优先级产品获AAA评级,利率5.3%。随后,国内首单央企长租公寓"类REITs"落地。

2017年10月，习近平总书记在十九大报告中指出，坚持房子是用来住的，不是用来炒的定位，加快建立多主体供给、多渠道保障、租购并举的住房制度，让全体人民住有所居。

2018年4月，中国证监会、住房城乡建设部发布《关于推进住房租赁资产证券化相关工作的通知》，试点发行房地产投资信托基金。

2019年1月，发改委发布《进一步优化供给推动消费平稳增长促进形成强大国内市场的实施方案（2019年）》，加快住房租赁市场，支持专业化、机构化住房租赁企业发展。

2019年7月，中国银行保险监督管理委员会发布《关于加强地方资产管理公司监督管理工作的通知》，首次提出鼓励经纪机构设立子公司拓展住房租赁业务。

3.7.2 长租公寓的模式及特点

长租公寓是租赁市场中的一个新兴力量，也是产业趋势中处于风口上的市场。

1. 适应人群：基层白领、高校毕业生和外来务工人员是住房租赁市场的主力军。

拥有丰富的工作机会和完善的基础设施的城市吸引了大批高校毕业生和外来务工人员。上海市常住非户籍人口达976.21万，占常住人口的40.3%；深圳市常住非户籍人口占65.3%。房价和严格的户籍管制让许多外来人口优先选择租房（图3.8）。

2. 现状规模：长租公寓在城市间差别很大，深圳市城中村比例最高，近70%的租赁住房供应都集中在城中村，北京这一比例也超过34%；个人普租仍是大多数城市的主流，苏州这一比例最高，超过90%。个人普租和城中村是供应主体，从列举的10个城市整体来看，个人普租占比超67%，城中村占比超25%（图3.9）[62]。

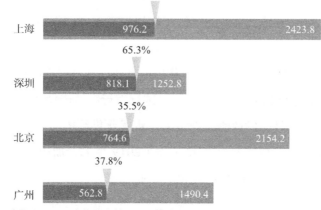

■ 常住人口　■ 常住非户籍人口　▼ 常住非户籍人口占常住人口中的比例

图 3.8　城市人口统计　单位：万人

资料来源：城市统计年鉴等资料，深圳市为 2017 年统计数据，其他城市为 2018 年统计数据

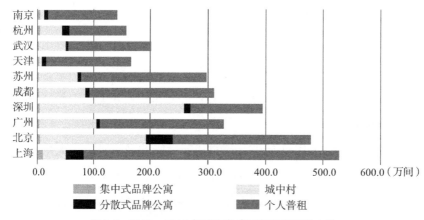

图 3.9　2017—2018 年城市各类租赁住宅供给占比

资料来源：中文互联网数据资讯网

3. 房源：集中式长租公寓房源获取方式有包租、自持、加盟/托管 3 种。

4. 产业链：长租公寓的产业链可以分为物业资产、长租公寓运营商和服务商、租客 3 个基本环节（图 3.10）。

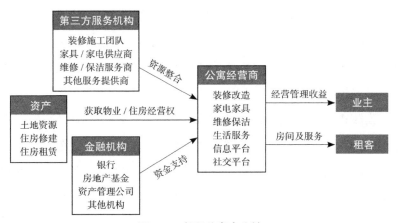

图 3.10 长租公寓产业链

资料来源：中商产业研究院

5. 运营模式：根据长租公寓运营企业所运营的物业分布位置是否集中，长租公寓运营模式可分为集中式和分散式（表 3.22）。

长租公寓按物业位置是否集中划分　　　表 3.22

特点	集中式	分散式
业务获取	整栋获取业务，获取方式为独立开发、收购、包租与开发商合作	从分散的个人业主获得物业，获取方式一般是签订长期包租合同
投资额度	前期投资资金规模大	前期投资资金规模小，可以通过控制租金支付频率实现"滚雪球"式包租
管理成本	容易产生规模效应，后期的管理、人力成本低	在房源量大的情况下，需要强大的管理系统以控制成本
业态特点	房源集中，标准化程度相对更强，租客的聚集和公共空间的安排使得集中式公寓具备较强的社交属性	房源房源较多，选择面较广，但形态差异比较大，标准化程度较低，社交属性较弱
优势	具有规模效应、成本低、拥有公共空间，可发展社交属性，品牌效应强、溢价能力高	前期投入小，在商业区等繁华地段容易获取房源
劣势	前期投入大，在市中心、商业区等繁华地段获取房源困难，成本高	管理成本高，不利于开展社交文化，品牌溢价能力有限
代表品牌	YOU+、魔方、自如寓、泊寓等	蘑菇公寓、自如友家等

集中式是指兴建、改造、收购或租赁整幢楼宇或物理上集中的房屋，将其作为公寓出租的模式。目前市场上的集中式公寓通常由商业、工业物业等非住宅物业改造而来，因而对获取和改造物业的能力要求较高。

分散式则指运营的物业为分散于不同地段、不同楼宇的房屋，运营商将房源进行整合后提供整体、标准化的改造与服务[63]。

6.运营主体：根据长租公寓运营主体行业背景的不同，长租公寓企业主要可分为四类，开发商背景企业、经纪机构背景企业、酒店背景企业、创业类企业（表 3.23）。

四大背景代表性企业下的长租公寓　　　　表 3.23

类型	企业	公寓名称	运营模式	优势
开发商背景	万科	泊寓	租金可以充当未来万科产品的放款，且可以转让	业务协同模式
	招商蛇口	壹栈	租赁管理自派+物业管理外包	针对不同人群需求，提供差异化选择
开发商背景	招商蛇口	壹间	核心管理、营销自派+服务外包	针对不同人群需求，提供差异化选择
		壹棠	核心管理、营销自派、服务自派+清洁安保外包	
	凯德	雅诗阁	自持运营，运营稳定，资产增值后通过 REITs 方式退出	资产管理优势
		馨乐庭盛捷		
经纪机构背景	链家	自如	房屋托管+标准装修+管理服务	依靠链接原有平台获取房源和租客信息
	我爱我家	相遇	获取房源+设计改造+出租运营	依托中介服务平台获取房源+金融服务
	世联行	红璞公寓	房屋托管+标准装修+管理服务	城中村农民房、厂房，签约城市 25 个
酒店背景	华住	城家公寓	集中式加盟+合作经营+物业托管	善于标准化建设，硬件、软装服务到位

续表

类型	企业	公寓名称	运营模式	优势
酒店背景	铂涛	窝趣公寓	投资模式加盟，与开发商合作取得房源	善于标准化建设，硬件、软装服务到位
创业类	魔方	魔方公寓	股权众筹加盟模式	设置不同产品线，引入众筹模式
	YOU+	YOU+公寓	整租＋二房东＋金融分期产品	品牌及资产优势
	青年乐	窝趣公寓	整租＋收购＋二房东＋运营	国内第一批实现轻资产运营和增值的企业

7. 租赁渠道：公寓客人的租房渠道互联网化特征明显，通过大型房地产中介机构以及第三方房地产信息平台获取公寓信息的人数占比较大。

互联网的发展使得每一个行业都发生了革命性的变化，使得房屋租赁从传统的中介、二房东租赁模式发展成为新兴行业，借助于专业公司的管理运营服务，在高速发展的城市生活中，给租户带来极大的生活便利。从看房、支付房租到后续的管理服务，当今长租公寓通过线上线下的结合实现了快速的规模化，大的公寓管理运营商也有资金和实力来解决这方面的技术问题，比较小的租赁机构只能通过传统与简单的互联网技术相结合[64]。

8. 与保障房的发展：政策鼓励支持以人才公寓为首的公租房发展，而市场上的长租公寓品牌也用先进的管理理念与运营模式促进了人才公寓的发展。2018年10月29日，保利公寓与未来域达成战略合作，联合开发人才公寓品牌"保利未来域"。2018年8月28日，龙湖集团南京公司以公开竞标形式获取位于江宁大学城片区的方山人才公寓项目，即中国药科大学站项目。更多的人才公寓与长租公寓合作，为多层次的居民提供居住保障。

对深圳城中村地区开始大规模的改造，连锁品牌公寓诸如魔方公寓、蘑菇公寓、都市美家、Warm+公寓、YOU+国际青年公寓、泊寓等纷纷进入。同时深圳当地闲散的社会资本与城中村居民联手，利用城中村较好的房源自行改造，出现数量众多的小规模青年公寓，在宝安、龙华交通便利的城中村遍地开花。

以深圳城中村的万科泊寓（南山科技园店）为例。泊寓（南山科技园店）位于深圳南山区科技园，北环大道北侧，于南山大道交汇处附近。多条公交路线停靠，出行非常便利，周边拥有中山公园、深圳大学、南山文体中心等城市公共配套设施。

万科泊寓（南山科技园店）由3栋早期厂房建筑改建而来，通过风雨连廊将3栋建筑联系起来，其中一栋底层作为开放空间，3栋建筑联系紧密，改造过后拥有350套左右的房间，租金根据房间特点有一定的浮动。

整个公寓主要包括两种房型：单间平层和LOFT。房间采光都比较好，不足的是靠北环大道一侧的房间有一定的噪声干扰。室内空间不配置厨房，在一楼设置集中的公共厨房和餐厅。

单间平层户型面积为23.20～27.17m^2，房间统一配置干湿分离的卫生间、鞋柜、衣柜、电视、写字台、双人床，以及少量的置物架。家具可以根据自己需要适当配置，也可以对室内空间进行布置，但是不能破坏已有的墙面装修。

泊寓（南山科技园店）是比较典型的公寓改造案例，虽然是品牌公寓，但是其入住门槛、租金水平都比较合理，室内空间布局、社区建设也是基于最普遍的居住需求而定，留给租户足够的弹性空间。

未来，长租公寓以规模化供应、标准化管理为特色的商业模式，逐渐走向品牌化、托管化、社群化、平台化。平台推广、运营效率和供应链管理，是未来最核心的竞争力，毕竟品牌价值决定产品溢价能力。加上互联网平台降低了交易成本，避免个人房源为主的混乱局面，使得租客拥有更好的体验。随着各种社会改革的推进，租房者能享受到越来越多的便利[31]。

3.7.3 长租公寓的主要矛盾

未来中国的租赁市场潜在空间巨大，可以从几个趋势中来观察这个市场：第一，庞大的流动人口催生租赁需求。第二，传统租赁市场无法有效回应和满足现代年轻人的租赁需求。第三，目前公寓租赁市场真正意义上的品牌公寓极度分散，规模极小，未来行业整合的空间极大。虽然长租公寓发展势头良好，但也面临着诸多困境。

1. 参与主体众多，竞争激烈。既有专注于长租公寓的专业化机构，也有房地产中介服务商的参与，而房地产开发企业和经济型连锁酒店也凭借其本身的优势逐渐参与到行业的角逐之中。虽然市场参与者众多，但是市场占有率总体并不高，各个品牌处于抢占市场份额的阶段。长租公寓的未来市场仍然集中在发达地区，大量机构运营商集中在少数城市，将进一步导致竞争加剧。

2. 资源与价格之间的矛盾，难以协调。发达地区优质地段的供房仍较为稀缺，集中式公寓将面临较高的拿房成本；另外，长租公寓解决的是人群对生活质量和社交活动的追求，因此房源的地段就显得尤为关键，地段较偏僻区域虽然收房成本较低，但可能面临需求不足所导致的高空置率或低租金差等问题。因此，收房阶段资产端的资源和价值难以兼得。

3. 房源获取难度大。集中式长租公寓要获取整栋物业的租赁权并不容易；而分散式长租公寓的房源主要是个人住宅物业，此类房源往往无法签长期合约。

4.投资回报周期长，盈利困难。国内市场的长租公寓现阶段以重资产运营为主，有着较强的金融属性。国内尚未推出正式的REITs产品，长租公寓运营缺乏退出机制。

国内目前的长租公寓投资回报利润较低，回报周期大约在5年左右，投资布局需要在10年左右，大部分长租公寓尚处于"烧钱"阶段，未实现真正的盈利，长租公寓整体租金回报率较低也是行业的痛点所在。万科长租公寓的租金收益率只有约2%左右，除去税费只有1.5%的收益；对于链家，长租公寓收入中70%是拿房成本，再加上15%的装修分摊、10%的运营成本、5%的税收，长租公寓的利润几乎为零。因此长租公寓整体盈利模式仍处于探索阶段，盈利模式不明晰也是整个行业一大痛点。

3.8 本章小结

本章系统地介绍了中国保障性住房体系中几个重要的类型：经济适用住房、廉租住房、公共租赁房，以及棚户区改造这一目前重点推行的保障方式，其中城中村实质上起到了重要的保障作用。对每个研究对象的发展过程、运作模式和特点、申请条件、意义及主要遇到的问题等，作了比较全面的研究，全文的意义在于能够以城市关联性视角分析城市空间布局平衡性和城市融合的问题，结合各种用房的性质，在不同的城市空间布局不同的保障房类型，并提供给不同的对象，将保障房的概念梳理清楚，分门别类地研究其背后的空间、人文需求。

4 其他地区和国家保障性住房制度的发展

4.1 其他地区和国家保障性住房建设的发展情况

4.1.1 中国香港地区的保障性住房制度

4.1.1.1 中国香港保障性住房制度的发展历程

20世纪50年代,香港人口急速增加,政府通过投资兴建公共住房(廉租公屋和居屋)来满足居民的居住需求。随着香港经济环境和市场需求发生变化,政府逐渐调整住房策略和政策,开始拓展资金来源渠道,借助社会机构和资金解决住房保障问题。

香港公屋发展阶段如下[65]:

一阶段(1953—1972年),介入保障房阶段。1953年,九龙火灾使得超过5万居民的家被烧毁,同时由于难民的大量进入,香港政府不得不建设"徙置大厦"这种保障性住房来解决贫困阶层和难民的住房问题。这些保障房标准较低,是租赁型而非产权型,但是能解决基本居住需求并且租金极低。

二阶段(1972—1980年),步入成熟阶段。1972年,政府开始执行"十年建屋计划",开始逐渐建立较为详细的住房保障体系,并制定公屋建造计划,成立香港房屋委员会及其下属的房屋署。9年的时间就修建了约20万套公屋。1976年,政府开始推出"居者有其屋计划",主要保障对象是城市夹心层。房委会工作范围包括土地选址、规划、建设和后期运营,通常以低于市价的1/3出售,政府鼓励开发商参与居屋计划。

三阶段(1980—1999年),长远住居计划。1987年,政府推出了"长远住居计划"。该计划通过贷款协助居民购买私营住房,这样可以减少政府在公屋上的负担。香港房屋协会推出了"夹心层住居计划",房委会推出了"租者置其屋计划",都是鼓励居民通过各种方式得到产权房屋的措施。

四阶段(1999年至今),减少对商品市场介入阶段。受到金融危机影响,香港房价暴跌。1999年后,政府开始对公屋政策进行反思,减少对商品房市场的介入,提出公屋是以低收入家庭的基本居住为目的,购房需求则由私营物业提供。实际上是通过减少保障房对商品房市场的干扰,尽快拉动楼市回暖的政策。

2003年开始,出售居屋、租者购屋等各种以出售为目的的政策全面叫停。公屋主体回归出租房,扩大租屋的数量,公屋的轮候期从6年缩短到1.8年。房委会在2018年1月落实了常规化推行"绿表置居计划",一方面帮助公屋居民和符合资格的公屋申请人购买居所,同时也能腾出单元给正在轮候的家庭。

4.1.1.2 中国香港住房保障制度内容

香港政府于1954年开始实施公共房屋计划,经历60多年的发展,已逐渐形成一套完善的公共房屋制度,不仅持续大规模地提供着公屋,而且致力于为公屋居民提供满意的居住质量和管理服务。政府积极参与公共房屋的建设,通过实施公共房屋计划为社会上负担不起私人楼宇的低收入人士提供廉价居所。香港特别行政区政府成立了独立法定组织——房屋委员会和房屋署,主要负责管理保障性住房。香港房屋委员会的主要工作是为没有能力租住私人楼宇的低收入家庭提供公共租住房屋(下称公屋),同时亦负责管理中转房屋和临时收容中心,为短期难以觅得合适居所的家庭提供临时住屋。为回应中低收入家庭的购房诉求,房委会负责"居者有其屋"计划项目。截至2014年9月,房委会有74.94万个公屋中转单位,容纳202.2万人,占全港人口总数的28%。截至2019年

9月，房委会成员中有26名非官方委员和4名官方委员，全部由行政长官委任。为使房委会和政府在提供公营房屋服务方面合作更紧密，房委会的正、副主席分别由运输及房屋局局长和房屋署署长出任。房委会辖下6个常务小组委员会及数个附属小组委员会，负责制定不同范畴的政策，以及监督推行情况（图4.1）。房屋署是房委会的执行机关，负责推行房委会及其辖下常务小组委员会所制定的政策（图4.2）。运输及房屋局常任秘书长同时兼任房屋署署长一职，负责掌管房屋署，辅以4名副署长和一名独立审查组总监。截至2019年9月1日，房屋署有10223名员工，其中9570人为公务员，653人为合约雇员。

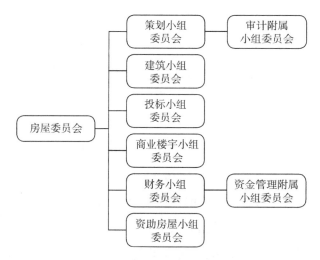

图4.1 房屋委员会组织架构

1. 低收入阶层的住房政策

香港政府明确规定，凡没有能力购买住房，符合申请领取社会福利署综合社会保障援助金（简称综援金），进入房屋委员会公屋轮候名册（按申请公屋的先后顺序形成的花名册）及租住公屋的家庭均属于低收入住户[66]。

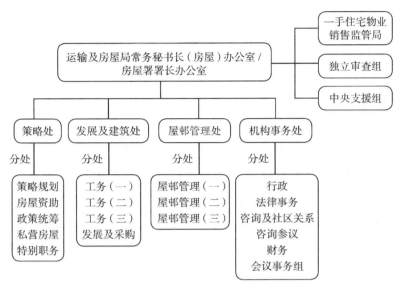

图 4.2　房屋署组织架构

1）租住公屋计划

公屋租赁实行审核制，申请租住公屋的申请人必须年满 18 岁，且申请人与家庭成员不能拥有或与人共同拥有任何住宅楼宇，家庭每月总收入（税前）及目前的总资产净值不得超过房委会规定的限额。公屋租金由房屋委员会每两年核定调整一次。房委会曾一直沿用 15%（按每人 5.5m² 室内楼面面积的居住标准计算）和 18.5%（1991 年后采用的新型和谐式公屋按每人 7m² 室内楼面面积的居住标准计算）这两个租金与收入比的中位数作为衡量租户负担能力的基准指标，同时还考虑地点、单位面积、消费物价指数、工资变动、公屋运营开支、差饷和房委会财政状况等多种因素。若租金与收入比的平均数不超过以上两个基准指标，则大多数租户的租金将被视为处于可负担的水平。

2）自置居所计划

香港政府推行各项自置居所计划，为低收入家庭购置自有住房提供援助，包括居者有其屋计划、租者置其屋计划、私营部门参建计划和置业资助贷款计划等。1997—2002年，自置居所计划共帮助26万个家庭购买房屋，自置居所率上升为56%，其中私人楼宇（商品住房）自置居所的比率达到75%，公营资助房屋（保障性住房）自置居所比例达到36%。

居者有其屋计划是房委会从1978年起开始实行的鼓励租住公屋的家庭拥有自己居所的计划。该计划提供的房屋售价较私人楼宇低30%～40%，主要源自政府划拨土地，且购房家庭可获得各类金融机构的贷款，只是住户在购得居屋10年内不得转售居屋。

租者置其屋计划是房委会于1998年为满足公屋居民置业需求而推出，让租户以合理价格购买现时租住的房屋。但是，推行这一计划的结果与有效利用公共资源的目标背道而驰，也会冲击二手房交易市场，于是2003年政府终止租者置其屋计划。

私营部门参建计划是香港政府1978年采用的鼓励私营部门参与公屋建设，满足市民对住房大量需求的计划。私人开发商在这项计划中能得到的主要利益是以比一般市场价较低的价格从房委会购入土地。

置业资助贷款计划是房委会在2003年推出的旨在为符合资格人士提供置业免息贷款或补助金的计划，获批准的家庭可选择借取免息贷款，或领取每月按揭还款补助金。单身人士所获的款额为上述贷款或补助金的一半。享受每月按揭还款补助金的家庭，只要遵守按揭还款补助金协议及签订的楼宇转让契约，无须偿还领取的补助金。

3）额外援助计划

房委会于1992年推出租金援助计划，为短暂经济困难而未能负担正常租金的公屋租户提供额外的援助。如公屋租金与收入比大于 20%，或租金低于轮候册收入限额的 60%，可减免租金 25% 以上。住户如有长期困难，可申请综合社会保障援助，房委会向其提供租金津贴，一般津贴数额足以支付应缴纳的租金。

2. 中等收入阶层的住房政策

根据香港政府的规定，凡没有能力在商品房市场购买住房，又比低收入家庭经济条件要好的阶层属于中等收入阶层。他们的住房问题由房屋协会全力负责，短期解决办法是"夹心阶层住屋贷款计划"，长远解决办法是"夹心阶层居屋计划"[67]。

"夹心阶层住屋贷款计划"是指 1993 年 7 月香港政府拨出一笔总额为 20 亿港元的款项，由房屋协会负责贷给自置居所中购置私人楼宇的中等收入家庭，此项计划的受惠家庭数超过 4000 多个。这笔年息 2% 的低息贷款的最高限额是 50 万港元，或者房屋净售价的 20%，取其较低者。贷款人在 4 年以后开始归还所借款项，期限可延长至 10 年。"夹心阶层居屋计划"是香港政府委托房屋协会兴建的，以低于市值的售价向中等收入家庭提供楼宇的计划。1994 年 12 月，房屋协会开始实施"夹心阶层居屋计划"第一期，以低于市价 20%～25% 的价格售房给中等收入阶层，第二期在 1995 年 9 月实施。从 1995 到 2001 年，房委会共为较高收入者中的中等收入家庭提供了 8920 套房，并为近 12 万个中等收入家庭提供免息或低息贷款。截至 2010 年，香港政府已通过多种资助计划，帮助近 73% 的中等收入家庭购房或者租住公屋。

3. 住房政策的调整

亚洲金融危机之后，香港楼价整体下跌，在 1997—2002 年，5 年的时间里香港房地产和股市总市值共损失约 8 万亿港元，许多拥有房产的人因此破产。为直接拉动楼市，香港政府决定停建、停售"居屋"。2003 年房委会宣布无限期停建和出售"居者有其屋计划"，一些已落成但尚未售出的剩余居屋单位，在2007—2009年期间批准推出发售[68]。2005年11月，房委会还将辖下大部分商业设施分拆出售。停售"居屋"加上其他救市措施，香港房价自2003年起显著回升。

2007年4月底，香港房屋委员会公布重新发售1.66万个"居屋"剩余单位的详细推售时间表，因金融危机停售的居屋重新进入房地产市场。对于是否继续"居屋"计划引发了人们讨论。"市场派"观点认为政府应奉行自由主义经济政策，尽量减少对房地产市场的干预和介入，政府的房屋政策应放在公屋上，而非置业，最终政府应该全面退出房屋市场。"民生派"观点认为政府制定房屋政策要充分照顾基层市民的权益，恢复"居屋计划"。2011年政府提出重启"居屋计划"，保障公屋供应，加快放出土地，中低收入家庭重燃一度熄灭的置业希望。

行政长官梁振英在《二零一五年施政报告》中，建议香港房屋委员会（房委会）选择合适的，兴建中的公共租住房屋（公屋）项目，以先导计划形式出售给绿表申请者，定价比传统居者有其屋计划（居屋）低廉。这项计划有助于绿表申请者自置居所，并借此腾出更多公屋单位以编配给轮候的公屋人士。房委会选取了位于新蒲岗的公屋发展项目景泰苑作为首批绿表置居先导计划项目。首批绿表置居先导计划共857个单位，于2016年10月预售，并只接纳绿表申请者购买本销售计划的单位。而所有单位于2017年2月已经全部售出。

房委会资助房屋小组委员会在2018年1月30日的会议上，通过常规化推进绿表置居计划，而首个常规化推进项目丽翠苑已于2018年推出，涉及共2545个单位。

4.1.1.3 香港保障性住房制度的特点

1. 土地供应体系

香港土地通过拍卖、招标和协议批租方式供给市场。保障性公共住房的土地采用协议批租方式提供。政府通过向私人开发商批租土地获得大量的收入，相当一部分收入会向房屋委员会注资。政府以免费或下调地价的方式向房屋委员会和房屋协会供地，使其以低于市场的价格向中低收入家庭提供住房。为达到平稳供应土地的目的，香港政府会定期评估房屋需求，以此供应适量的土地及配套的基础设施。政府采取灵活并且富有弹性的方式处理土地供应问题，制定了一套拨地准则，以此确定私营和公共房屋用地的供应量和供应密度，用面积较大和发展密度较高的土地来集中发展公共房屋。

2. 公平的分配制度

保障性住房准入机制：申请公屋的家庭接受申请人年龄、家庭人数、收入、资产及在港居住年限等方面的审查。公屋分配依照轮候册上先后次序来办理，按家庭人数及所选地区分队轮候，在有房可供时按单位大小及所在地区，分配给最先排队的家庭。房委会每年审查轮候册内家庭的收入及资产限额。若住户虚报资料，房委会可终止租约，并根据法律规定作出处理。

1987年4月房委会推出了保障性住房退出机制。1996年实施的《维护公屋资源合理分配》政策中严格规定了退出机制，香港健全的法律及信用体系是完善退出机制不可或缺的保障。申请人只能享受一次租住公屋和购买居屋的福利政策，公屋的租住权不具有代际相传的功能，在租住公屋户主去世后，其他成年的家庭成员必须重新接受经济情况审查，满足要求后才能获取新的租约。

申请公屋提交的材料如果被发现造假，则将面临刑事起诉。平时经常会对住户的户籍以及是否本人居住在公屋检查，审核住户申报材料中的资产和收入是否属实。公屋使用者租满10年后，须接受房屋署的审查。对于呈报虚假材料的住户，一经定罪，可处罚款和监禁。《获取其他形式资助房屋后交回公屋单位》规定，2000年3月后，购房或签署了购房合同后，在2个月内，需把公屋交回房屋署。

3. 平衡的资金运作模式

香港实行以居屋为重心，以屋养屋、自负盈亏的资金运作模式。20世纪70年代以前，香港政府用于保障性住房开支的比重较高，一直保持在公共开支的20%以上。从1988年开始，房委会改组成为自负盈亏的机构。1988年，政府向房屋委员会投资135亿港元，转为无息永久资本。同时，政府根据"居者有其屋计划"转拨给房委会的28亿港元结余以及分别于1988年和1993年两次注入的共计100亿港元资本，转换为有息借贷资本，房屋委员会须分14年以5%的年息逐季度向政府偿还，此后，政府不再向房屋委员会进一步注资。香港政府成为投资人的角色，但政府仍履行对公屋的财政承诺。

由于长期奉行低租金政策，公屋的出租一直以赤字运行，为此房屋委员会采取了出售居屋以及出租公共房屋附属商业设施的办法弥补这一缺口。截至2004年，公屋运作赤字累计为120.36亿港元，但同期出租非居住的设施，包括商场、停车场等收入达216亿港元。在扣除支付给政府的50%红利以后，其余额基本上弥补了公屋运作的赤字，实现了自负盈亏，略有盈余。

2003年，房委会分拆其管理的商场和停车场，成立房地产信托基金，通过上市筹集资金，弥补因出售居屋计划停止而导致的资金不足。

4.1.2 新加坡的保障性住房制度

4.1.2.1 新加坡保障性住房制度的发展历程

新加坡公共住房发展历史有两个明显不同的阶段：第一阶段即1901—1959年新加坡信托改良局（Singapore Improvement Trust，SIT）时期，第二阶段即1960年后的新加坡建屋局（Housing Development Board，HDB）时期。

1901—1959年期间，由于大量涌入的移民和高生育率，新加坡人口快速增加，给本来就很紧张的住房和公共设施带来了巨大的压力。《新加坡改良法案》在1927年通过，新加坡SIT也相应成立。SIT的规划权力局限于改良计划在操作方面的准备，因此无法形成对住房发展和扩张的综合规划。SIT对新加坡公共住房发展起到的推动作用有限，公共住房仅用于某些地区的拆迁安置。中峇鲁（Tiong Bahru）作为第一个公共住房社区建成于1941年。SIT在1947—1959年的13年时间里总共建成20907套公共住房，形成了早期的亚历山德拉镇和女皇镇两个卫星镇。与此同时，在城市的中心，大量居民居住在不卫生并有潜在危险的贫民窟和拥挤的住房中[69]。

新加坡建屋局成立于1959年，同年11月通过《新加坡住房发展局法案》。1960年HDB开始运作，并在新加坡历史上第一次由政府直接介入提供住房。当时调查显示，在10年内需要新建住房14.7万套，其中8万套用来缓解住房拥挤，2万套用来安置中央城区发展造成的家庭搬迁，4.7万套用来解决人口自然增长对住房的需求。同时私人开发商每年为中高阶层家庭开发3000～4000套住房。HDB取代了之前的SIT，也标志着一个新时代的到来。由于新加坡公共住房政策的持续发展，截至2008年，81%的人口居住在建屋局所建造的组屋，而 1960 年 HDB 刚成立的时候这个比例仅为 9%。这证明新加坡长期公共住房发展策略是成功的。HDB 负责供应土地、资金，并维护政府信用和执行力度，对住房进行建设、出售和出租。作为管理新加坡公共住房的唯一机构，HDB 显示出其在资源规划和分配方面的高效及合理[70]。

到 2008 年，新加坡建屋局共建造了 99.03 万套公共住房，并容纳了新加坡全国 81% 的居民，79% 居住在公共住房中的居民拥有住房产权。整个新加坡住房产权拥有率达到 92%，远高于其他地区和国家（图 4.3）。在 40 多年的时间里，虽然新加坡居民总数增加了一倍以上，但是新加坡居民居住在组屋中的比例仍然逐年增加。1990 年新加坡居住在公共住房中的居民比例超过 87%，达到最高值（图 4.4）。此后随着社会上对私人住宅需求比例的增加，居住于公共住房的居民比例有所下降，但总数仍处于上升水平[71]。

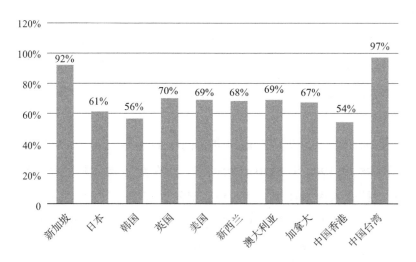

图 4.3 部分地区和国家居民房屋拥有率

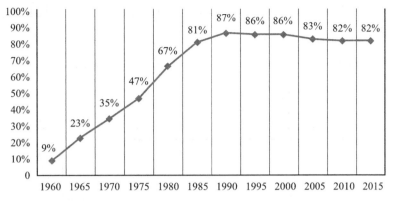

图 4.4 新加坡居住在公共住宅的居民比例走势图

4.1.2.2 新加坡住房保障制度内容

1. 新加坡的住房体系

当前新加坡住房体系主要包括公共住房部门和私人住房部门。其中公共住房部门占大多数，容纳了约 80% 以上的居民。公共住房部门又主要划分为 3 个部分：公共住房新房出售部门、公共住房转售市场和执行共管公寓市场（图 4.5）。

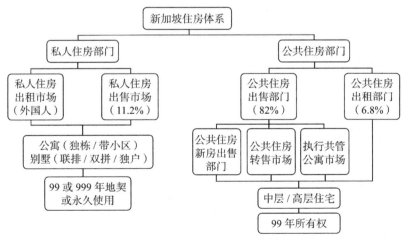

图 4.5 新加坡住房体系结构图

新建公共住房的发售由 HDB 负责执行和管理，因此具有系统管理性且带有政府补贴性。公共住房出租部门只是公共住房部门的一个子系统，大约 6.8% 的低收入群体或者外来务工人员居住在出租公共住房（表 4.1）。

新加坡公共住房和私有住房比例比较（1980—2007 年） 表 4.1

年份	公共住房/万套	占比/%	私有住房/万套	占比/%	合计/万套
1980	37.26	85.8	6.28	14.4	43.5
1985	55.18	86.8	8.38	13.2	63.6
1990	62.38	85.8	10.31	14.2	72.7
1995	70.01	84.4	12.91	15.6	82.9
1997	75.53	82.4	16.13	17.6	91.7
2000	84.67	81.4	19.30	18.6	104.0
2002	86.61	80.8	20.52	19.2	107.1
2003	87.42	80.6	21.09	19.4	108.5
2004	87.70	79.8	22.19	20.2	109.9
2005	87.75	79.3	22.94	20.7	110.7
2006	87.88	79.0	23.34	21.0	111.2
2007	88.34	79.0	23.48	21.0	111.8
2010	100.96	75.0	33.65	25.0	134.6
2016	110.65	73.0	40.93	27.0	151.6

从建筑形式上看，公共住房大多是多高层住宅。从土地权属看，公共住房土地权为 99 年[72]。

2. 组屋政策

组屋是新加坡主要的保障性住房，它的特点是让一般民众负担得起，因此组屋的设计尽可能采用标准化设计模式。新加坡在 1960 年开始实行"组屋"政策。最初，HDB 建造的房子主要是廉价出租房，后来逐渐向出售住房发展，由政府帮助人们置业。

1）组屋发展政策

HDB 在 1960 年制定了"五年建房计划"，以保障性住房形式向居民提供大量的政府组屋，其租金低廉，售价低于成本。至今建屋发展局已经实施了 10 个五年计划，到 2010 年底，共建组屋将近 100 万套，居住组屋的人口比例也达到了 85%（表 4.2）。

新加坡组屋建设计划　　　　　　　　　表 4.2

年份	人数
1960—1965	54430
1966—1970	65239
1971—1975	113819
1976—1980	137670
1981—1985	200377
1986—1990	121400
1991—2000	99557
2001—2005	58267
2006—2010	148241

为保障低收入人群的住房，新加坡政府为家庭月收入在 2000 新元以下的家庭提供组屋的租赁渠道，面积在 33～36m^2。同时，政府鼓励并引导有潜力攒钱的家庭购买组屋，月收入在 801～2000 新元的家庭，每两年租金将上调 20%。如果低收入人群买房，新加坡政府将会为之提供最高达 7 万新元的补贴，相当于购买一套 3 居室费用的 50%。

由于经济发展水平和居民需求在变化，HDB 也不断改变其保障性住房计划，由最初的应急住房到后来的标准住房、新型提高住房。为促进组屋的良性发展，新加坡政府划拨国有土地、适当征用私有土地给予支持，同时还为有需要者提供信贷资金支持。组屋发展政策的顺利实施得益于组屋分配政策、建筑材料的供应、承包体系及租金构成的合理化等保障措施。

2）组屋分配政策

新加坡的组屋通过申请时间前后顺序为每个申请人形成唯一的序列码，租赁型房屋和产权型房屋各自形成固定的顺序，1983年后通过同一区域申请者按顺序从组屋房源中直接选择。组屋是分配给具有一定资格的申请人，所谓的"一定资格"，主要是公民身份、无私人房屋、收入上限、家庭结构四个条件（表4.3）。

组屋分配资格一览表　　　　　　　　　　　　　　表4.3

条件	具体内容
公民身份	自治前，美国国籍且在新加坡居住5年，其他国籍者在新加坡居住10年以上； 自治后，新加坡国籍，且其他家庭成员都是新加坡居民； 1979年后，新加坡国籍，且核心家庭成员中至少一人是常住居民
无私人房屋	拥有私人住宅者无资格申请，如业主自愿放弃当前物业，等候30个月后才有登记资格
收入上限	收入上限不断更新调整以扩大受益覆盖面；在提高买房收入上限规定的同时，政府提供的货币津贴，使合格公民在建筑成本、工资和土地价格上涨的条件下仍有能力购买组屋
家庭结构	新加坡住房改善信托基金会时期：家庭成员必须在5人及以上； 1962—1967年：建屋发展局减少了家庭人数的指标，核心家庭由3人组成； 1967年后：允许已婚无子女家庭申请组屋； 家庭结构规定的例外：老年公民计划和孤儿计划以满足需要组屋的单身老人及孤儿

随着社会经济的发展，居民收入水平也在发生变化，组屋的租住、购买标准并非一成不变。例如，2009年新加坡租住、购买组屋的申请标准较之前更加人性化（表4.4）。

新加坡租住、购买组屋申请标准　　　　　　　　表 4.4

类型	房型	收入	家庭结构	住房
组屋租住	一房式	家庭月收入≤1500新元	新加坡公民且大于21岁，曾组建家庭	无私有房屋且未购买过组屋
	二房式		新加坡公民且大于21岁，组建家庭，核心家庭成员不低于3人	无私有房屋且未购买过组屋，未享受公积金住房资助或其他政府住房补贴；有房产但达到5年等候资格
组屋购买	二房式	家庭月收入≤2000新元	新加坡公民且大于21岁；核心家庭中有一人是常住居民	无私有房屋且未购买过组屋
	三房式	家庭月收入≤3000新元		
	四房式、高级三房式或更大房型	家庭月收入≤8000新元		

3）组屋更新政策

为防止组屋因年久失修而成为贫民窟，HDB 实施了组屋更新政策。一系列住房更新计划对于改善组屋条件和社会环境起到了重要作用。

新加坡从 1990 年开始实施主要翻新计划，即把旧的住房修复到当前新住房的标准，此计划历时 22 年，于 2012 年完成，投资约 33 亿元，受惠家庭达到 13 万户。主要翻新计划覆盖了 3 部分，即分区性设施：停车处、露天剧场、有盖走廊等；组屋设施：电梯、信箱等；房屋内部结构：厕所、门窗等。

选择性整体重建计划是指为了更好地利用土地，将一些最初建造不合理的组屋拆除，同时为受影响的居民在附近地段提供新的组屋，这些组屋的屋契为 99 年。据 HDB 公布的资料显示，2011 年有97%居民认为，他们所获得的替代组屋物有所值。通过组屋更新，居民生活环境也获得改善，居民享受到资产升值的益处，生活质量也得到了极大的提高。更新政策不是HDB独自实行，住户也有参与，共同处理更新中诸如费用、工程施工、噪声等问题。HDB分担大部分费用，根据住房房式的不同，住户分担7%~14%不等的更新费用（表4.5）。

新加坡住房升级的费用分担/新元　　　　表4.5

标准费用	三房式	四房式	五房式
建屋发展局份额	34900（93%）	33600（89%）	32300（86%）
户主份额	2700（7%）	4000（11%）	6600（14%）
总额	37600	37600	37600

3. "居者有其屋"政策

HDB在1964年提出"居者有其屋"政策，此政策的提出基于在一个国家中，居民拥有自己的住房不仅对整个国家的政治、经济和社会稳定有益，而且住房自身有保值增值的特性，对居民来说是一种相对安全的财产。HDB将组屋出售，保障对象购买后只能自住而不能交易获利。1968年"公积金"政策使得保障对象首付款的压力大为缓解，组屋购买政策进入快车道发展，公积金成员可以利用其部分或全部公积金积蓄支付HDB组屋的首付款及分期付款[73]。此外，"居者有其屋"政策还包含住房保护保险计划、转售政策等。

1）住房保护保险计划

1981年新加坡政府出台《中央公积金法（修正案）》，推出住房保护保险计划，该计划以社会保险的形式出现，保证房屋所有权人在就业期间因死亡或伤残导致无力偿还贷款时，可利用中央公积金来偿还剩余的贷款。

从根本上说，该计划针对的是所有未完全偿付组屋贷款而又退出购买组屋队伍的申请者。因中央公积金的返还年龄为55岁，强制性住房保险期也限制在55岁以下。该计划的保险费与其他形式的保险一样，与性别、年龄、贷款数额、贷款期限和利息等有关，政府将保险费定得很低，这主要源于计划的非营利性，参与计划的人数较多可以分散计划的金融风险。

2）转售政策

新加坡"居者有其屋"政策的宗旨是为那些无力购置私人房屋的家庭提供居住场所，但是这并不表明可以通过置业进行投机获利。2006—2011年，每年在公开市场上流通的组屋大约3万套左右。新加坡政府对组屋的转售条件和购买条件做出了严格的规定。

转售条件主要体现在必要居住期的规定。家庭需转售组屋的，须满足一定的居住时限，否则不得转售。2006年之后，必要居住期的具体规定是：对于直接向HDB购买的三至五房式房屋和执行公管公寓，必须居住满5年，否则不可转售；对于购买转售组屋，必须居住满30个月，但购房者如果在购买组屋时并未向HDB或金融机构贷款，则居住满1年即可转售。之所以做此规定，主要是由组屋"保障居住"的性质所决定的，同时打击投机行为。新加坡政府对转售组屋也设定了非常严格的规定，包含是否居民、有无家庭、种族条件等。这些都使得组屋能够真正帮助有需要的人。

组屋转售必须委托专业估价师进行估价，实际售价由买卖双方在估价基础上进行协商。买卖合约确定要履行的，买卖双方要共同向HDB提出申请，由HDB对申请者的条件进行审查通过后，作出批准。之后买卖双方开始履行合同、支付价款并交接房屋。

3）补贴政策

新加坡政府主要采用组屋政策建造大量保障性住房，不论是组屋出租形式还是购买居屋政策，其租金和售价都是远低于正常运营成本或建造成本的，政府为 HDB 提供了大量资金补贴，实质上是提供给了保障对象。HDB 收取的租金考虑了房型、家庭组成、收入水平等因素，而出售价格也提供折扣，这些都是政府通过 HDB 提供的暗补措施。

除了上述间接补贴外，每年新加坡政府都直接提供保障性住房补贴，主要提供给那些低收入租房户以及中下层收入者用于购买保障性住房。政府对于符合条件的新加坡居民购买二手组屋提供一定形式的资助，一般要求受益人是首次购房，或者以前拥有组屋已经出售超过 5 年以上，有私人房产的持房年限达 5 年以上[74]。此外，公积金住房补贴的发放形式是公积金账户存款，而非现金，且只能用于支付购房首付款或者用于偿还所购买二手组屋的抵押贷款。

4.1.2.3 新加坡保障性住房制度的特点

1. 住房保障制度促进经济发展

新加坡政府通过 HDB 直接负责保障性住房建设和管理中的各项内容（图 4.6）。

图 4.6 新加坡 HDB 在保障性住房建设的工作范畴

新加坡把解决住房问题作为经济发展的重要因素，住房建设推动了建筑业、建筑材料业及其相关一系列行业的发展。新加坡政府通过向 HDB 提供津贴和贷款，在调控住房市场的同时，促进经济增长，有力地支持了建筑业的发展，使其成为国民经济的支柱产业。

2. 强调保障性住房分配的社会公平性

新加坡政府认为住房是居民的福利，在分配中必须体现社会公平性。中等收入群体和低收入群体可以通过租赁组屋、购买组屋、公平轮候、公积金贷款等方式，得到政府的住房保障。新加坡政府聪明地设计出了一套责任清晰、运作规范、公平公正、能将福利真正落实到有需要的人身上的住房保障体系，社会公平性得到最大化保证。绝对收入较高的居民，如果其相对收入不高，仍然可以得到住房福利，这体现出公民有权利分享国家福利的基本属性。

3. 中央公积金制度作用突出

新加坡政府社会保障体系由社会保险和社会福利两部分组成，其中社会保险是由国家强制实施个人储蓄的中央公积金制度构成。经过40多年的发展和完善，中央公积金制度已由最初的仅提供退休养老保障，逐步扩展到退休养老、医疗保健、购买住房、教育和投资等各个方面，成为一项涵盖养老、医疗、住房和教育等多功能、综合性的社会福利保障体系。此外，中央公积金制度还有两个重要的作用，即公积金缴存率是新加坡政府宏观调控的工具之一；公积金的最终信用保证由政府提供，将新加坡政府与公积金紧密联系，为新加坡政治稳定做出了贡献[75]。

4. 公共住宅建设结合城市长远规划

新加坡城市发展局制定了50年的国家愿景，主要是规划人口规模和城市布局，然后每10年会更新一次，并展望未来10~15年的发展，其中包括公共住宅的规划和建设。新加坡政府不会像其他政府将好地段留下来发展比较贵的私人住宅，而是尊重科学，合理布置每一块土地，严防地产商囤积土地。新加坡的公共住宅，不仅是住房，而是一个社区，一种生活方式。在每个居住区内设立"邻里中心"，集合就业、居住和日常消遣等功能。新加坡政府对城市规划的前瞻性，以及尊重科学和真相，重视公共住宅社区与城市发展相结合的态度，是新加坡公共住宅政策成功的主因。

4.1.3 美国的保障性住房制度

4.1.3.1 美国保障性住房制度的发展历程

1. 起步阶段（20世纪30—50年代）

美国公共住房的建设始于1937年。1948年杜鲁门总统制定了住房建设计划，标志着美国保障性住房制度开始起步。1949年通过了首部关于住宅体系建设的法律《住宅法》。确定国家住房目标是所有家庭能得到品质较好的住宅和适宜的周边环境，同时确定了住房建设的管理机构。

2. 发展阶段（20世纪60—70年代）

1961年肯尼迪政府推出的《国民住宅法案》，鼓励私人房地产商进入低收入家庭住房领域。

约翰逊政府提出了"向贫困开战（War on Poverty）"及"伟大的社会（The Great Society）"等计划。

尼克松政府提出了公寓出租计划。此计划重点在于为保障对象提供选择性，即以补贴形式由保障对象自行选择居住地点，而不是一定要居住在集中保障房社区中，这可以激活城市中的存量房屋。

卡特政府推出的《住宅和社区综合发展的混合法》，重点已经开始转移到老城区和老工业城市的二次复兴上来，因为早期修建的大量公共住房开始出现老旧和衰退。

3. 改革调整阶段（20世纪80年代以来）

里根政府时期，由于保障对象家庭接近两成，美国政府用于住房保障的资金每年都达100亿之多，20世纪80年代初世界经济包括美国经济陷入衰退，必须降低中央政府在公共住房上的开销。里根政府开始逐步停止公共住房补贴。这种改变对保障对象的居住条件产生了十分不利的影响。但政策受国家经济形势的影响非常显著,当经济环境不景气时,削减公共福利是常用的办法[76]。

克林顿政府施政的重点在于通过改革,促使经济回到上升渠道,稳定增长。以经济复苏带动公共福利政策。他执政期间,美国保持了经济的快速增长,在世界上显示出强大的竞争能力,因而居民收入增长较快,对公共住房的数量要求减少。

4.1.3.2 美国住房保障制度内容

住房保障政策作为美国政府公共政策中的重要内容,核心是鼓励建造低收入者住得起的房屋和通过担保贷款等方式帮助中低收入居民拥有住房,从而实现社会稳定,带动经济增长。美国80多年的实践中,不同发展阶段采取了不同的住房保障政策,在住房存量缺口较大时期政府大力支持保障性住房建设;在保障性住房数量达到一定程度时采取政府参与和私人开发商主导的模式,为低收入家庭建设的住房可享用税收减免的政策;之后,美国采取对需求方进行补贴的租房优惠券计划,成功实现从供给端向需求端的过渡[77]。

1. 政府财政支持建设保障性住房

1949—1965年是美国保障性住房计划大规模实施的时期,为了更好地贯彻住房保障政策,联邦政府将其资金以贷款形式拨付给地方政府,用于建设保障性住房。住房与城市发展部(Department of Housing and Urban Development,即HUD)于1965年成立,利用财政资金支持保障性住房建设;地方设立财政归中央管辖的住房局,负责具体落实联邦政府拨款的使用并监督保障性住房的建造,保证将住房分配给符合条件的低收入家庭[78]。据统计,1945—1965年间联邦政府每年向全国拨款180亿美元,作为保障性住房的专项建设资金,用于向400万户低收入家庭提供住房补贴以及

4400套公共住房的建设[79]。

随着保障性住房房龄增长，运行维护费用逐年增长，政府财政压力加大，同时由于投资保障性住房建设无须缴税，对商品房市场形成竞争，保障性住房建设计划在20世纪70—80年代趋于减少，在90年代之后，联邦政府采取政府参与和私人开发商主导的税收抵免计划：开发商和政府共同决定项目建设的位置；开发商建设的住房必须至少有20%的房屋价格能够使50%收入不高于本地区居民平均收入的住户所承受，或者至少有40%的房屋能使60%收入等于或低于本地区平均收入的住户所承受，这些地区由美国住房与城市发展中心所确定，并且其住房租金与所在地区的平均收入水平有关；财政补贴的基准设定取决于中低收入租户的占比及扣除土地成本后的建筑费用[80]。为了支持开发商供给廉租住房，地方政府及其管理机构还同时开发了其他融资渠道；税收补贴的方式也比较灵活，地方住房金融管理机构在决定符合补贴条件的住房类型时有很大的裁量权。供给低收入家庭住房建设的税收抵免计划有效扩大了廉租住房供给，1995—2007年间，平均每年完成项目1500个，累计完成18865个廉租住房项目，140多万个住房单元[81]。

税收抵免计划在后期的运行过程中出现了一些问题。首先，此计划支持的廉租住房项目租金高于其他政府支持的项目，同时也倾向于开发市场上本身并不短缺的项目，这使得廉租住房项目出现一定的空置。其次，计划的后续维护资金不足，廉租住房项目的服务期限初始设定为15年，然而到期之后，如何获取足够的资金对其进行收购和改造是一个更大的问题。税收补贴项目的维修费需要用再融资的方式获取，但新的抵押贷款对于房租收入很低的项目来说，其收益不足以支付住房收购以及翻新所需要的费用，故促使了对需求方进行补贴的租房优惠券计划的启动[82]。

2. 住房补贴政策

美国政府的住房补贴方式多样，从大的方面来说，包括对供给方补贴和对需求方的补贴。供给方的补贴主要包括地方政府建设保障性住房补贴、私人机构建设低收入者住房补贴；需求方补贴政策中起重要作用的是租房优惠券计划，其核心特征是直接对低收入家庭进行财政补贴[83]（表4.6）。

美国保障性住房补贴政策　　　　　表4.6

补贴方式	分类		内容
供给方补贴	地方政府建设保障性住房补贴	建设资金补贴	保障性住房建设资金来自免税的联邦政府债券，付清债券后，保障性住房由地方政府所有
		保障性住房运行补贴	地方政府按成本价收租金以维持运行，实际上由于租户收入的减少及住房运行费用的提高，仍需补贴
		更新改造补贴	联邦政府为保障性住房更新与维修提供补贴
		租户选择	由联邦政府制定保障性住房租户的申请标准，只有家庭收入在地区平均水平80%以下的家庭才有资格申请
	私有机构建设低收入者住房补贴		政府与建设低收入者住房的私有机构签订合同，由政府每年向私有机构支付房租和建设、运行成本之间的差额； 由建设低收入者住房的私有建房机构和地方政府建房机构向HUD申请住房补贴
需求方补贴	直接提供低租金保障性住房		主要提供给家庭收入为美国家庭平均收入40%及以下的最低收入家庭；
	房屋租金补贴		享受这种补助的低收入家庭必须租住符合政府规定的住房，同时拿出家庭收入的30%支付租金，超过部分由政府补给

3.改造保障性住房政策——第六希望计划（The Hope VI）

1989年，美国国会通过《住房与城市发展部改革法》建立了"处理严重衰败保障性住房国家委员会"。当时全国有6%（将近86000套）的保障性住房处于严重衰败状态。因此，委员会提出一个总额为75亿美元、为期10年的城市复兴示范方案，方案名为第六希望计划。其目标是改变保障性住房的外貌、减轻贫困集中的现象、向保障性住房居民提供支持性服务、保持个人和社会预防犯罪的高度责任感、建立可持续发展社区。

第六希望计划的主要目标就是把贫困人口高度集中的衰败保障性住房改造为高低收入混合居住的社区。首先，通过开发不同类型的住房来吸引不同收入阶层的人住，形成混合型社区，除HUD资金外，第六希望计划还吸引公共和私人资金复兴保障性住房。其次，为吸引和挽留较高收入的居民，联邦政府修订了许多立法，进一步减少保障性住房的贫困集中，例如1998年《住房质量与工程责任法》重新确立了"最高房租"，这使收入较高的居民即使在收入增加的情况下，也不用再担心向房管局上缴更多房租，使得很多高收入居民愿意继续居住在保障性住房内。

从1992年起，HUD资助了166个城市的446个第六希望计划工程。截至2003年，已有6.31万套严重衰败的住房被拆除，2.03万套住房被登记重建，接受第六希望计划资金的165个工程中有15个已完全竣工，衰败的保障性住房按照新城市主义和"可防御空间"原则被改造为高低收入混合居住的社区。第六希望计划也出现了一些问题，如拆除和重建保障性住房的资金效率低、成本高，许多原住房居民被迫离开保障性住房[84]。据统计，到2006年拆除了约14.9万套住房，但仅有4.9万套新保障性住房补充进来。2008年，《2007年第六希望计划改革与重新授权法案》通过，该法案重新授权计划执行7年，截至2009年，约有10%的保障性住房建设受到第六希望计划的影响。

4.鼓励中低收入家庭购房政策

美国政府通过贷款担保、贴息、税收优惠等措施帮助中低收入家庭购买住房，从而促使中低收入住房所有者的比例不断提高。

1）低息贷款

美国根据1932年的《联邦家庭贷款银行法》设立了12家具有国有企业性质的联邦家庭贷款银行，并规定全国凡有住房贷款业务的银行或其他金融机构都可以入股。2011年，美国共有800多家金融机构（占比约80%）是该体系成员，每年从联邦家庭贷款银行获得数十亿美元的低息资金。

2）购房首付担保

2003年，《补助低收入无房户买房法案》出台，《美国梦买房首付法》生效，"美国首付计划"开始实施。该法案规定，凡有能力支付月供，但没有足够能力支付首付的家庭，均可申请一笔特别资助，政府为他们缴纳首付，从而帮助中低收入居民尤其是新参加工作的年轻人有能力购买住房（表4.7）。

美国中低收入家庭购房政策 表4.7

项目	目的	住房与城市发展部投入	接受帮助家庭数
美国梦首付行动	帮助低收入家庭购置首套住房，每个家庭的补助不超过10000美元或住房总价的5%	2亿美元	4万户中低收入家庭
置房咨询	说明家庭了解贷款产品和相关服务	0.45亿美元	为55万户家庭提供买房和房屋产权咨询，为25万户家庭提供贷款咨询

续表

项目	目的	住房与城市发展部投入	接受帮助家庭数
弹性房屋代用券制度	可一次性发放补贴或按月发放置房津贴	—	—
经济适用住房税费减免	为建造商提供免税额度，最高可达房屋建造费用的 50%，服务低收入个人及家庭	—	—
自助置房项目	对全国或州立非营利组织提供资金，用于房屋维修和土地获取，购房者必须为房屋重建提供良好的志愿者服务	0.65 亿美元	5200 户低收入家庭

3）购房税收优惠

为鼓励中低收入者购房，美国政府在税收上采用的优惠措施包含：针对中低阶层购房者，通过税收政策调整贷款利息；对房屋银行债券收益免征个税，减少买房的支出；对出租户税收减免；对保障对象购、租房提供优惠税[85]。

4.1.3.3 美国保障性住房制度的特点

1. 保障性住房来源的动态性

美国保障性住房主要有政府直接建房和政府补贴开发商建房两种供应方式。20 世纪 30 年代开始，联邦住宅管理局利用贷款和补助金补助地方政府建造保障性住房，以供低收入家庭使用，到 1982 年，联邦住宅管理局拥有保障性住房中的 130 万套。

20 世纪 70 年代，美国减少了政府直接建房，转而支持私人企业建造廉租住房。对于按照政府规定标准建造廉租住房的开发商，政府提供有关税费减免、贴息贷款、低价获取土地等降低成本的优惠政策[86]。截至 2010 年，美国政府资助的廉租公寓已经有 600 万套，其中 200 万套为政府拥有，用于提供给残疾人和 65 岁以上的老人。

2. 控租和补贴并重

控租主要是通过立法对保障性住房的租金加以限制。在此政策的作用下,美国保障性住房的租金长期以来只占低收入家庭收入的25%,比最低市价租金还低20%。但随着限租法规的取消,保障性住房的租金已上升至占低收入家庭收入的30%[87]。

美国对低收入家庭的租金补贴具有动态性特点,主要有以下4个方面(表4.8):

美国对低收入家庭的租金补贴　　　　表4.8

补贴方式	具体措施
砖头补贴	1965年开始实施,由联邦政府直接拨款补贴给建房者
房东补贴	联邦政府向房东提供补贴,补贴额为市价租金与控租租金差额
住房券	由政府发给低收入者,持券人只需将自己家庭收入不超过30%的部分作为房租,余下与市场租金的差额由政府发券补足; 此政策于1975年开始实施,至今遍及美国所有城市
现金补贴	联邦政府对低收入家庭提供现金补贴,补贴额为市价租金的70%

3. 税收减免与抵押贷款并行

为鼓励低收入家庭拥有自己的住房,联邦政府提供了减免税收和抵押贷款两项优惠政策[88]。

4.1.4 英国的保障性住房制度

4.1.4.1 英国保障性住房制度的发展历程

英国住宅问题的出现先于其他国家。从1883年名为"伦敦无家可归者的痛苦呻吟"的论战使穷人的居住问题引起全社会的关注开始,经过两次世界大战间公共住房政策的发展,"二战"后公共住房的建设由盛而衰,到20世纪80年代英国对公共住房政策的改革,再经 90 年代以来的完善发展,英国住房政策经历了复杂的演变过程[89]。对于英国公共住房政策的演变,可以从两个时期考察:第一个时期从英国产业革命到 20 世纪 70 年代末,这一时期是公共住房建设从开始到鼎盛的发展时期;第二个时期是自 20 世纪 80 年代至今,这一时期是公共住房建设从鼎盛时期进入住房制度改革的时期[90]。

1. 从产业革命到 20 世纪 70 年代末英国公共住房政策的发展

20 世纪 70 年代末以前,英国公共住房政策的发展大致经历了以下 3 个阶段:

第一阶段是住房需求由市场自由调节的时期(从产业革命到 1919 年)。由于产业革命,大量农民涌入城市,住房出租业应运而生。当时,政府对住房租赁市场没有进行干预,住房需求完全由市场自由调节,住房出租者高租剥夺,广大租房者难以承受。

第二阶段是政府介入住房市场时期(1920—1936 年)。英国政府主要通过修建公共住宅,以低于市场价租给中低收入居民及限制市场出租房的租金来介入。例如,1919 年英国出台的《住宅法》确定了以公营住宅为核心的住房政策,即由政府投资建造公共住房,然后低租金租给居民居住。公共住房也成为继自有住房和私有出租住房之后的住房产权形式。至 1939 年,地方政府建造了 100 万套出租住房,约占住房存量的 10%。在这个时期,英国公共住房政策随时间而变化,在 20 世纪 20 年代以普遍的工人阶级住房为目标;30 年代则以城市贫困阶层为主,而社会普遍住房需求主要由私营机构供应。

第三阶段是公共住房政策的调整时期(1936—1979 年)。从整体上说在 20 世纪 40—50 年代,采用的主要政策是大量建造公共住房和对中低收入阶层出租公共住房。当时,中央政府建设的公共住房约30万套/年[91]。之后，法律确定了住房协会（Housing Association），即HA作为英国公共住房建设和管理机构。英国大量修建公共住房，投入巨大的同时只收取较低的租金，直接的影响就是用于公共福利的支出过大，给国家财政带来较大的压力，同时公共住房比例过高也会影响房地产业市场化的健康发展，因而到这个阶段后期各种矛盾逐渐突出。

这一阶段，对公共住房政策进行的一项重要变革就是对租房户购买自住公房实行优惠政策，以减轻政府对承租公房家庭补贴的沉重负担。到1978年，居民住房自有率已达54.1%。住房政策目标趋势开始寄希望由商品房地产拉动经济，这必然需要逐渐降低公共住房建设的比例，进而带来的就是保障对象范围减小、房源供给降低、资金补贴收紧等。这些政策的结果就是自有住房比例提高，而公共住房比例逐渐下降[92]（图4.7）。

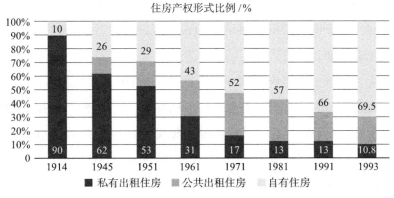

图4.7 英国住房产权形式比例变化

2. 20世纪80年代以来英国公共住房政策的变革

保守党政府为了改变当时整个经济环境恶化的形势，通过一系列法律大大改变了公共住房建设的政策[93]，减少公共住房开支，提倡私有化才是重点，对保障对象的住房补贴从1979年600英镑/

年减少到 1989 年 200 英镑／年。

具体地说，英国自 1979 年以来公共住房政策的发展过程如下：

在 1979 年的保守党执政时期，住房政策的基础是"国家可以负担得起"，主要内容是提升住房自有率和扩大市场的作用。"购买权利"政策的根本就是鼓励保障对象从租房变为买房，这样可以回收大量资金并大大缓解政府财政压力。

1986 年公共住房政策的主要目标是解除对私有出租住房供应的限制。1986 年的《建房社团法》使建房社团能与其他私有金融机构平等竞争。1987 年，政府提出了新的计划时间表，开始关注住房出租问题，包括租户权利的保障。关于租户权利，住房协会的立法和金融新政策的设计都试图增加出租住房的供应。

到 20 世纪 90 年代中期，普遍认为"二战"后住房短缺和贫民窟问题已经不复存在，英国已经解决了住房问题，制定新的住房政策的呼声日渐高涨。1996 年，英国政府进一步解除对私人出租房的管制，赋予地方政府更多的权力，为居民提供适宜价位的住房，增加住房供给的渠道[94]。

从 20 世纪 80 年代初到 90 年代中期，英国公共住房政策发生了全面而重大的转折。政府支持住房私有化，把以公共住房建设为主的政策转变为增加住房供应的补充政策，使新公共住房建设量从 1980 年的 10 万套跌至 1989 年的 3 万套。公共住房出售计划成为政府最大的单项私有化计划，可用于租赁的公共住房供应自 1919 年以来首次减少。"二战"后开始的新城镇建设计划到 1985 年也停止了，把公共住房出售给私人及合作机构成为新城镇住房政策的新特征。政府对公共住房的财政补贴也大幅度减少，对租户的普遍性补贴变成以家庭财产调查为依据的对少数人的补贴。20 世纪 90 年代初，因房租上涨，政府对住房协会的支出是对地方政府支出的 3

倍。但是，受住房协会金融政策的影响，住房协会出租住房的租金过高，租户的权利反而比公共住房住户减少了。

4.1.4.2 英国住房保障制度内容

英国保障性住房制度从 1979 年开始发生重大转变，在此之前，为应对居民住房严重短缺局面，政府采取了以集中建设出租公房为重点，大力促进住宅建设，增加住房供应的政策。20 世纪 80 年代，英国政府对保障性住房制度进行改革，提出保障性住房"购买权利计划"，赋予保障性住房的保障对象拥有最大折扣不超过房价 60% 的优惠购买租住住房的权利，大力推行住房私有化政策。1997—2011 年，英国住房政策以"准市场（Quasi-market）"为主要形式，保障性住房供应逐渐转向以市场为主、政府为辅的机制，体现了较少的国家干预。2004 年起，私营房地产商得以介入社会保障性住房建设，《2008 年住房复兴法案》准许营利机构登记成为社会保障性住房提供者[95]。英国政府通过社会保障部门保证了弱势群体的住房问题，实现了市场机制与政府干预相结合的较好方式，既发挥了市场机制的效率，又弥补了市场解决居民住房特别是低收入者住房困难的缺陷。

1. 政府公房或者住房协会的租户补助

社会保障性住房（政府公房及住房协会所有住房）承租人在购买所租赁的房屋时可以享受房价优惠，优惠幅度取决于房屋所在地区、房屋价值以及购买份额[96]。

1）政府公房优惠购买权政策

提供给居住满 2 年以上（或自 2005 年 1 月起满 5 年）的租户。此外，产权被移交至住房协会的原政府住房的承租人可享有保留购买权。房价折扣数取决于两方面因素：租住期和房屋所在地区。租住期越长，则折扣越多；但不同地区有不同的折扣上限，从 1.6 万英镑到 3.8 万英镑不等。这个项目的购房者如果在购房后 5 年内出售该房，则必须退还优惠部分。

2）住房协会优惠购买权政策

针对住房协会 2 年以上（或自 2005 年 1 月起 5 年以上）租户的购房折扣。房价优惠幅度从 0.9 万～1.6 万英镑不等。2005 年 1 月 18 日之后，若购买 5 年内出售住房，则需要退还部分或全部折扣。

3）现金激励政策

一些地方政府还为政府公房租户提供房租补贴，使其搬迁到一个较小的住房居住，政府得以将空出的房屋提供给等候的其他申请人。该政策旨在使更多的政府公房出租，以满足住房需要，同时帮助租户在私有房地产市场上购买住房。

2. 购买款资助政策

设立购房款资助政策是为了帮助公房租户以及住房等候者买到自己的房屋；使社会住房存量有更多的空余，以满足住房紧缺地区的需要[97]。

1）新建购房政策

英国采取新建住房政策，以产权分享的形式（也称半租半买形式）推动居民分阶段获得住房的完整产权。即先以抵押贷款或存款方式购买 25%～75% 的产权（以低于市场的折扣价格，但逐步购买过程中随市场价波动），其余部分仍继续付房租（初始房租不会超过房产的 3%），此后可逐渐提高产权份额，直至购买下整套住房。与直接购房政策相同，大多数情况下，还需要支付印花税等其他费用。

2）社会购房政策

2006 年起，对于不满足折扣政策条件的社会住房租户，若为 5 年以上的公房租户，出租方愿意参与该政策且住房为指定类型（非专为老年人、残疾人士准备的福利住房），则可以通过该政策以产权分享形式先购买至少25%的部分产权，其余部分仍付房租。

3）直接购房政策

从2009年开始实行，是产权分享的另一种形式。它是通过由政府和提供房产的开发商共同提供的高达房价15%～30%的"权益贷款"来帮助首次购房者在房价较高地区购买特定的新建住房，剩余至少70%的房款需要通过抵押贷款或者存款支付。如果将住房出售，则需要偿还贷款，并且"权益贷款"的提供者和贷款人共同从资产的升值中获利，即房屋出售时可以根据占有产权份额获得利润。获得"权益贷款"的第6年开始，每月向贷款者收取一定的费用。该政策限制购房者出租所购房产和购买第二套住房，若要出租所买住房或者购买第二套住房必须先偿还"权益贷款"。

4）租赁购房政策

从2008年7月开始，对于无法通过抵押贷款购房的居民，政府还实行一项租金补贴政策。符合要求的申请人以80%的折扣租得住房，租期可达5年，并且在租期内有优先购房权。这就为购买能力较低的居民提供时间，攒钱后再买下住房。5年租期结束后，可通过新建购房政策购买部分产权。若还无法支付部分产权的购买，房主可考虑延长租期。

3. 首次购房启动政策

通过抵押贷款以及政府的力量，帮助年收入6万英镑以下的社会公房租户以及其他首次购房者。首次购房政策中约50%的住房是为关键工作者提供，如护士、教师、警务人员等。由地区住房委员会认定的优先人群有权通过该政策购买其他住房。购房者提供至少为房价50%的贷款和存款，而由政府出资付给建房者其余50%，因此政府也拥有剩余部分产权。例如，一所价值10万英镑的房产，政府和购房者各享有 50% 的产权,当房子出售时,政府可以得到售房所得的一半。

4. 保障性住房政策的动态性

国家保障性住房政策与社会经济的发展息息相关,2007—2011 年,全球处于金融危机时期,与此同时,保障性住房政策也并非一成不变。

2012 年 6 月英国首相卡梅伦提出取消对 25 岁以下年轻人的住房补贴,以减少国家福利经费开支。制度颁布的原因是现行的社会福利政策给人们错误信号,即不劳动或少劳动,一样可以过得很好。故政府需采取措施防止过分依赖于国家福利。取消对 25 岁以下年轻人的住房补贴是为了鼓励他们自食其力,根据统计,这项福利改革计划涉及约 38 万名 25 岁以下的英国年轻人。他们每周获得约 90 英镑的住房补贴,取消此项福利政策每年将为英国节省约 18 亿英镑的开支。

4.1.4.3 英国保障性住房制度的特点

1. 加大住房供给量,以平衡供求

英国政府在第二次世界大战后长期在住房领域奉行国家干预主义,集中建设出租公房,大力促进住房建设。很多经济学家认为应该通过市场机制,加大供给才能满足需求偏好。消费者的住房需求选择靠政府满足,理论上政府是社会福利实施的最佳主体;但事实上,政府的管理者往往倾向于生产者,而非消费者。这会导致效率低下,甚至发生腐败。20 世纪 80 年代后,英国政府住房政策的指导思想发生根本改变,总体趋势是减少政府干预,加强住房市场化,减少地方政府持有公房的产权比例。

英国政府希望通过提高住房总供给量,使高价商品房和低收入住房都达到供求平衡。英国政府的最终目标是人人有个体面的家。

政府计划在2020年前新建300万套住房，并且创建繁荣、设施齐全、可持续发展的社区，保证人人有体面的家，并长久生活下去，提高居民生活质量，改善生活环境。然而，住房供求的不平衡成为全国范围内的问题[98]。有些地区高需求、低供给导致购房难，另一些地区则市场衰退、企业破产。

2. 补助低收入居民，推动住房私人持有化

住房补贴包含两个方面，一个是对建设公共住房的补贴，这个补贴对象是地方政府，另一个是对房租的补贴，这个补贴对象是保障对象，即中低收入阶层。

在大规模建设浪潮过程中，住房补贴主要是对供给侧的建房补贴。在建设高潮之后，当公共住房有了一个较为稳定的数量后，补贴开始转为对保障对象的补贴，即从"供给侧"变为"需求端"。这也是国际上住房政策的整体潮流。英国政府通过一系列政策帮助首次购房者、公房租户、关键工作者、私人租户购得自有房产，并为那些有可能因为未付抵押贷款而被收回房屋的购房者提供实际帮助。但这一政策是基于英国数十年来居民收入的稳定增长、运作良好的住房金融体系、健全的税收补贴政策框架、城郊快速发展等因素而得以实施的。

3. 确保保障性住房质量——"体面住房"

保障性住房针对的对象是中低收入居民，英国政府实施保障性住房政策的目标不仅是要增加房屋的供给量，更要保证保障性住房的质量。因此，英国政府通过建立标准来保证地方政府和私人建设的社会保障性住房都是"体面住房"，而一个体面住房至少要在8个方面符合政府的要求[99]（图4.8）。

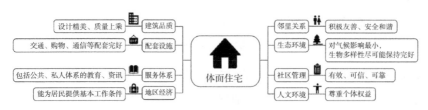

图 4.8 "体面住宅"的 8 个要求

4.1.5 日本的保障性住房制度

4.1.5.1 日本保障性住房的发展历程

1. 住房保障制度开始阶段（20 世纪初）

20 世纪初日本进入工业化时期，日本产业经济迅速发展，城市人口急增，土地和建材价格上涨，住宅供给不足、质量下降。为了稳定住宅市场，1917 年，日本内务省地方局设立救护课，负责住宅行政事宜。同年推出了《公益住宅通知》，确定公益住宅政策，建造非营利住宅，以租赁的方式提供给住宅需求者。这标志着日本政府开始介入住房保障领域。

1923 年，日本关东发生大地震，次年为解决地震中低收入灾民的住房问题，日本内务省成立了同润会，其主要资金来源于大地震后的捐款。此后同润会致力于为城市中低层收入人士提供优良住宅。

2. 第二次世界大战时期的住房保障制度（1939—1945 年）

第二次世界大战迫使日本将大量产业转向军需工业，国内其他资源出现短缺，导致新建住宅数量和质量下降，为稳定住宅市场，日本政府开始对住宅建设及分配进行管制。1939—1946 年，日本政府先后 3 次颁布了《地租房租管制令》，对土地和住房价格进行管制，禁止不正当的租金。1941 年，日本颁布了《住宅营团法》，政府直接供给营团住宅，以此来抑制住宅的价格，满足社会的住房需求。但由于战时物资紧张，住宅营团的作用较为有限[100]。

3. 高速建设阶段（1945—1973年）

第二次世界大战结束初期，因为战争的破坏，日本许多城市变成废墟，为解决严峻的住宅短缺问题。1945年日本政府颁布了《罹灾城市应急简易住宅建设纲要》，建设应急住宅。

1950年日本颁布了《住宅金融公库法》，成立了住宅金融公库，为居民自置住房提供长期、固定低息的住宅贷款。

1951年颁布了《公营住宅法》，规定由中央政府向地方政府提供补助，并要求地方公共团体为低收入者建设低租金的廉租房。

1955年颁布了《住宅公团法》，设立住宅公团，向大城市中间阶级出租和出售住宅。此后这三大法律成为日本公共住房政策的三大支柱。

1955—1973年，日本进入经济高速增长时期，在这期间日本分别于1952年、1955年、1958年、1961年和1964年确定了5期"公营住宅建设三年计划"。

4. 住宅品质提升阶段（1973年—20世纪末）

1966年，日本出台《住宅建设计划法》，之后开始实施了8期的"住房建设五年计划"（表4.9）。该计划以帮助居民实现自置住宅为主，同时兼顾公共住宅的建设。

1973年调查证实，全国所有都、道、府、县住房数量均超过居民户数，显示日本国民的居住问题得到彻底解决[101]。日本住宅建设进入第三个五年计划后，住宅建设从原来的追求数量转向注重住宅建设的品质，并逐渐开发适应国民多样化需求的住宅。1977年，日本废除了公共住宅标准设计，次年制度转向"优良部品（BL）认证制度"，一切都向灵活、多样、高品质的方向转换[102]。

日本住宅建设五年计划内容　　　　　表 4.9

住宅建设五年计划	住宅建设目标	公共住宅建设量/万户
一五（1966—1970）	一个家庭一套住房	256.5
二五（1971—1975）	实现一人一间房	310.8
三五（1976—1980）	全国人民达到最低居住标准	364.9
四五（1981—1985）	以居住环境水平为方针，消除低水平居住环境，确保良好的居住环境	323.1
五五（1986—1990）	保证住宅存量及形成良好的居住环境	313.8
六五（1991—1995）	全国城市一半家庭达到理想居住水平	401.7
七五（1996—2000）	推进适应国民多样化的居住需求，实现安全舒适、健康长寿的社会居住环境	348.7
八五（2001—2005）	注重利用市场功能，推动公共主体对市场的补充；应对老龄化社会，建设老年人可以安心居住的环境，推进住宅的无障碍化[103]	100.6

资料来源：日本国土交通省《日本住宅建设计划法以及住宅建设五年计划》，日本国土交通省网站 http://www.mlit.go.jp/jutakukentiku/house/singi/syakaishihon/bunkakai/4seidobukai/4seido4-7.pdf

5. 改革调整阶段（20 世纪末至今）

20 世纪 90 年代，日本地价、住宅价格暴涨，地产泡沫逐渐产生。20 世纪末日本地产泡沫破灭后，住房资产开始大规模萎缩，同时受经济不景气的影响，住宅施工数量锐减，住宅供应长期不足，这促使日本政府于 20 世纪 90 年代中期开始推行住宅市场化改革。日本政府开始退出保障性住房建设领域，并将其交还给市场。

2001 年，日本建设省被重组到国土交通省，以弱化政府在住宅建设中的作用。同时，住宅公团更名为"都市基盘整备公团"，主要致力于旧城改造，大幅减少住宅建设业务。

2004 年，又将"都市基盘整备公团"改组成"独立行政法人都市再生机构（UR 都市机构）"，同时为了推进城市再开发的事业，日本政府开始对地方公共团体进行国库补助，以促进地域活化。

2007 年，原住宅金融公库改组为"住宅金融支援机构"，除原有的融资业务外，还拓展了证券化支援业务和住宅融资保险业务。资金来源也发生了变化，开始由原来的以财政投融资资金为主转向以自筹资金为主。2001 年，来自财政投融资的贷款占住宅金融支援机构全部资金的 76.40%，到 2011 年，这一比例迅速下降到不足 1%。与此相反，自筹资金的比例迅速上升[104]。

随着住房需求与供给实现平衡后，日本政府逐渐退出住房建设领域，公共住宅占比逐年减少，并将其交还给市场，政府则主要关心市场监管以及特殊群体的住房保障[105]。

4.1.5.2 日本住房保障制度的内容

根据日本 2008 年住宅·土地统计调查的结果显示（图 4.9），截至 2008 年，日本总住宅数为 5759 万户。其中，自有住宅 3032 万户，占全部住宅 61.1%；市场租赁住宅 1337 万户，占全部住宅 26.9%；公营住宅 209 万户，占比 4.2%；都市再生机构和公社住

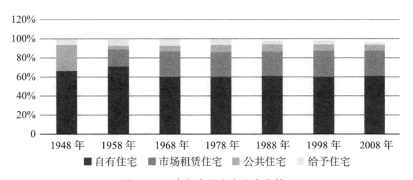

图 4.9　日本各类住宅占比变化情况

资料来源：日本国家统计局《平成 20 年住宅·土地统计调查住宅数概数集计结果の要约》，日本国家统计局 http://www.stat.go.jp/data/jyutaku/2008/pdf/g_youyaku.pdf

宅 92 万户，占比 1.9%；给予住宅 140 万户，占比 2.8%。公共住宅比例由 1948 年的 27% 占比降至 6% 左右[106]。

日本的保障性住宅主要为公营住宅、都市再生机构租赁住宅和公社租赁住宅。通过这 3 种不同渠道修建的公共住宅成为日本保障房的主体。此外，还有一部分是依据专门的法律建设的，主要为改良住宅、特定优良租赁住宅和高龄者优良住宅。在提供保障性公共住房的同时，日本政府还成立了住宅金融公库提供相应的住房补贴，从资金上保障中低收入人群的住房需求（图 4.10）。

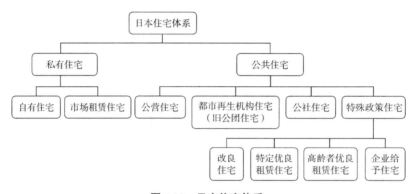

图 4.10 日本住宅体系

1. 公营住宅

公营住宅是日本根据 1951 年制定的《公营住宅法》由国家拨款补贴，各级各类地方政府建造、收购、租赁并管理的低标准公共住宅，并将其以低租金出租或转租给低收入者的住宅。日本公营住宅依据《住宅建设计划法》及《都道府县住宅建设五年计划》所设定的标准进行建设。截止到 2013 年，日本公营住宅管理户数达 217 万户[107]。

1）申请规定

（1）《公营住宅法》规定申请的租户必须有同居亲属，单身人士无入住资格；

（2）申请者的收入要低于覆盖收入阶层的25%以下；

（3）申请人没有住房或者住房条件较差。

这些规定会根据日本的发展状况和相应的社会问题随之发生调整。比如，申请的收入基准已由20世纪50年代初覆盖收入阶层的80%降至25%以下。

2）租金

《公营住宅法》对租户的租金进行了合理的规定。公营住宅的月租根据租户所申报的年收入以及所住公营住宅的户型、位置、规模、建设年限、环境等因素综合确定。这种租金设定方法大大提高了公营住宅租金的规范化和合理性，确保公营住宅能够与其保障对象合理匹配。

3）退出机制

《公营住宅法》中规定："公营住宅租户在居住期间，其收入连续3年以上超过政令规定的收入基准，必须腾让该公营住宅；否则，项目主体可按规定对租户加收房租。"

公营住宅近年来呈现萎缩趋势，公营住宅政策虽尚未废除，但已由"二战"后经济复兴时期的大量供给转变为目前的残余期。截至目前为止，公营住宅的数量占到全国住宅数量的5%左右。从居民对保障性住房需求的减少可以看出半个世纪以来的住房保障政策取得了显著成效[108]。

2. 都市再生机构住宅（旧公团住宅）

都市再生机构住宅是指由日本政府成立专门的非营利独立行政法人城市再生机构来提供相对低价的住房和公共租赁住房，简称"UR租赁住宅"。截止到2016年，日本约有74万户的UR租赁住宅。

1995年，日本政府制定了《住宅公团法》，规定由政府出资设立非营利法人住宅公团。2004年7月1日，城市基础设施整备公团和地区振兴整备公团的地方城市开发整备部门组合成独立行政法人都市再生机构。

都市再生机构住宅主要针对大城市的中间收入群体。以家庭为单位进行申请，家庭月平均收入下限应达到房租的4倍，上限为33万日元，当房租达20万日元以上时上限为40万日元。单身者作为申请人时，申请人应为平均月收入额在基准月收入额以上者，当房租达20万日元以上时上限为40万日元。

都市再生机构住宅的8大优点：

1）不需要礼金（日本特有，以示对房东的感谢），入住时所需的费用只有押金和按日付的房租和公益费；

2）不需要中介费；

3）不需要合同更新费，合同更新是自动的，不需要手续费；

4）不需要担保人和担保费。租赁住宅，在申请时，只需要提交本人居民证的复印件、收入证明书等必要文件，并确认申请人资格即可；

5）房租支付可以累积Ponta积分，积攒的积分在Ponta合作店铺中可以抵现；

6）明确了原状恢复责任区分。明确区分住户需要承担的责任以及UR将承担的伴随日常使用而产生的损耗等恢复费用；

7）按顺序办理，不需要抽签；

8）达到安全规格的安心住宅[109]。

3. 公社住宅和地方公共团体住宅

由各地方公共团体通过公社向劳动者提供住宅及宅基地，在地方层面对UR都市机构住宅进行补充。首先，地方公共团体住宅可根据区域特性与UR都市机构共同协商制定针对不同地域的合适政策,再根据政策目的设定政策实现的目标。其次,地方公共团体和UR城市机构分别承担适当的风险(补助金风险以及相关项目的实施等)。

公社住宅的对象没有具体的限定,而是概括地规定"针对住宅明显不足区域内的需要住宅的劳动者",且没有收入限制。《地方住宅供给公社法》没有规定房租的额度上限和计算方法,仅要求公社应当不以营利为目的,且公社住宅的出租及出售应当"价格适当"。公社资金主要来源于资本金、发行债券、零存整取获得的储蓄资金等。此外,国家还给予公社一定的融资便利和税收优惠[110]。

4. 其他公共租赁住宅

由日本政府制定的特定法律或为保障特殊人群应运而生的住房。主要包括改良住宅、高龄者优良租赁住宅、特定优良住宅和企业给予住宅四大类。

1)改良住宅

日本从1951年开始进行大规模住宅建设,为在短期内建设大量住宅,对住宅建设规划的不合理以及粗略的设计导致住宅建设逐渐超出规划控制,并出现了一系列的问题。1960年,日本出台了《住宅地区改良法》,规定了由国家部分出资,对存在治安、卫生等问题的不良住宅密集地区进行改造。截至2004年,日本全国的改良住宅已达15.1万户左右。改良住宅所需要费用一般由实施者、受益者和国家三方负担。

2)高龄者优良租赁住宅

目前,日本是全球人口老龄化最严重的国家,65岁以上人口比例达到了27%,排名世界第一。为了缓解人口老龄化带来的住宅问题。2001年,日本政府制定了《老年人安定居住确保法》,建立了高龄者(60岁以上)优良租赁住宅制度。主要保障单身高龄者

（60岁以上）和高龄夫妇家庭，对租户收入没有限制。同时日本政府还制定了终身租赁事业的认可制度。提供高龄者可以安心居住的无障碍租赁住宅，只要房客还活着，就可以继续租赁。

3）特定优良租赁住宅

1993年日本政府颁布了《特定优良租赁住宅供给促进法》，目的在于利用民间资本，向中低收入者提供居住环境良好的租赁住宅，租户享受一定租金补贴，由地方公共团体负责管理[111]。截至2016年，日本特定优良租赁住宅存量9.4万套左右（表4.10）。

特定优良租赁住宅的主要内容　　　　　　　表4.10

建设方式	补助方式	申请资格	住房补贴
民间建设	国家和地方公共团体分别补助共同设施建设费的1/3	夫妻或者有孩子的家庭，月收入在20万~60万日元之间。租金原则上要与附近同类住房租金保持一致	对于收入处于梯队40%以下的育儿家庭给与一定的房租补贴。补贴金额随着家庭收入和时间的变化而不同
公社建设	国家和地方公共团体分别补助全部建设费的1/6		
地方公共团体建设	国家补助建设费的1/3		

4）企业给予住宅

企业给予住宅是指企业自行建造再以较低的价格向企业的员工出租的住房。其中政府提供一定的融资便利。1953年日本政府通过了《产业劳动者住宅资金金融通法》，授权住宅金融公库对企业给予住宅建设提供低息贷款。

5. 住宅金融保障制度

依据日本政府1950年颁布的《住宅金融公库法》，由政府全额注资成立的特殊法人住宅金融公库（Government Housing Loan Corporation，GHLC）是专门为政府、企业和个人建房、购房提供长期、低利率贷款的公营公司。随着民间住宅金融机构的逐渐壮大以及政府对住宅的市场性改革，2007年4月1日原住宅金融公库重组为"住宅金融支援机构"，主要开展证券化支援业务、融资保险业务和直接融资业务等。政府更多转向监督和管制，发挥市场的空间，利用金融创新合理汇集民间资本，以调动更多的社会资源来保障住宅[112]。

1）住宅金融的资金来源

重组后的住宅金融由原来的财政投融资体制提供主要资金变为现在通过抵押支持债券或者抵押贷款证券化获得，中央财政仅起到补充的作用。

2）住宅金融支援机构的主要业务

住宅金融公库改组后住宅金融支援机构的业务范围，主要包括：

（1）提供固定利率的全期住房贷款；

（2）与地方住宅公社一起为地域活化和育儿家庭提供资金支持；

（3）为建设长期优良住宅提供资金支持；

（4）支持老龄化社区住所建设；

（5）支援抗震性不足的公寓抗震化和不良建筑改造等。

当然在住房市场发展的不同阶段，其资金扶持重点也有所不同。在第二次世界大战结束初期，住宅金融公库资金支持的重点是民间企业和公营部门大力兴建的租赁住房，以缓解住房短缺，供给不足；在20世纪60—70年代日本城市化和经济高速发展阶段，其资金主要投向鼓励民间和公营公团兴建的高层住宅、学生宿舍、城市再开发和公共服务设施等。1986年第六个住房五年计划后，公库资金支持重点转向特殊住房需求、提升住房品质、大城市的高层住房和个人购房置业等，以满足多种住房需求，如公营和民营企业兴建一些特殊性质的住宅（老龄公寓、节能住宅、新结构住宅等），都可以申请公库的低息贷款和政府的特殊财政补贴[113]。2019年，日本政府在关于住宅金融支援机构的会议中指出，"将从面向一般个人的直接融资中撤出住宅金融机构的支援和补充，今后，将进一步推进环保住宅政策、住宅的抗震化、面向高龄者和育儿家庭等新的社会政策性住宅[114]。"

4.1.5.3 日本保障性住房的特点

1. 多层次保障体系

日本多层次的住房保障体系首先体现的是房源供给的多层次。既有包括具有由政府组建的公营住宅、都市再生机构住宅、公社住宅和其他公共租赁住宅，也包括民间非营利组织住宅和商业营利组织住宅。

其次表现为供给对象的多层次，其中公营住宅主要是以租赁的形式给低收入群体，都市再生机构住宅（旧公团住宅）主要面向中等收入群体进行出售或租赁。公社住宅主要出售给中等收入者或出租给低收入者。此外，还有为保障特殊人群建造的高龄者优良租赁住宅等。

最后表现为多层次的保障方式。包括政府对公共住宅建设和建设者的财政补贴制度，以及对低收入人群的租房补贴。同时公共住宅是根据收入高低和房屋状况及环境等因素来确定租金的高低，这种租金收取制度能最大限度地匹配中低收入者支付能力。

2. 完善的住房资金保障模式

公有资金为住房建设提供了主要的资金保障。日本保障性住房补贴由中央发放，主要有两种：一种是对建设和收购费用的补贴，另一种是对房租差额（承租方标准负担额与市场租金水平之间的差额）的补贴。近年来，财政补贴对象逐渐由保障住宅建设者转为低收入和特殊人群。

1950 年，日本政府全额出资成立专门的住房金融机构——住宅金融公库（现住宅金融支援机构）。主要为公共住宅的建设以及中低收入人群租房、建房提供贷款。同时，公库在贷款额、偿还期限、利率等方面体现了对中低收入者的政策倾斜。2001年后，住宅金融公库由原来的直接提供住宅贷款转向以民间住宅贷款证券化业务及其他金融融资服务为主。

3. 注重保障房的品质提升

20世纪60年代日本政府开始设定住宅建设五年计划，并且从第三个住宅建设五年计划开始，提升住宅品质成为日本住宅建设的第一大目标。1972年，日本建设省制定了"住宅生产工业化促进补贴制度"，鼓励住宅产业化所需要的技术开发项目的实施。70年代之后以标准化方式建设的公共住宅，通过标准化的设计大大提高了产品的互换性及未来长期使用的可能性。

日本的保障房住宅工业化相关理论体系包含SPH（Standard of Public Housing）标准化设计、NPS（New Planning System）标准、CHS（Century Housing System）住宅、SI（Skeleton Infill）住宅体系等。SPH公共住宅的设计标准是在20世纪50年代所实施的大型PC板住宅工业化建造技术的基础上，研发的基于大型PCA工法的公共住宅标准，称为SPH。NPS标准化设计指在公共住宅中提出了多样化宽松的标准设计方法。CHS住宅是为了满足产品使用年限、耐久性和产品的互换性及可变性制定的标准。SI住宅是指在建造过程中骨架体与内装体完全分离的一种可持续住宅形式。骨架体主要是指住宅的结构部分，填充体主要是外部结构采用高耐久性材料，可显著延长其使用寿命；住宅内部的分隔墙、各类管线、地板、厨卫等作为内部填充体。

2009年，日本施行了"长期优良住宅法"，规定住宅以"精心地制作与长久地使用"为目标，由此开始了各种各样的研发和实施工作。目前日本新建公共住宅越来越少，政府已经将重点放在住宅改造和质量提升以及寿命延长上。

4.1.6 巴西的保障性住房制度

4.1.6.1 巴西保障性住房制度的发展历程

巴西国土总面积为 851.49 万 km^2，居世界第五，总人口 2.086 亿（2017 年），是一个联邦共和国，也是发展中国家中较早地实现了城市化的国家之一。在城市化进程中，城市贫困人口增多，造成土地、房价飙升，带来严重的住房问题。面对城市住房问题，巴西采取了有针对性的社会住房政策，在住房多元化供给、贫民窟改善等方面取得了显著的成绩，能够为处于快速城市化时期的中国带来启示。

巴西公共住房发展历史分为以下几个时期：

1. 贫民窟及住房问题开始出现（1900—1930 年）

自 19 世纪末，巴西各城市开始出现住房短缺，大量进城移民开始自行建房，逐渐形成贫民窟。在这一时期，政府进行了"住房卫生运动"，但这些强制性法令不顾城市居民利益，引起了社会反抗。于是政府开始进行一系列武力镇压，但最后适得其反，贫民窟数量进一步增加[115]。

2. 借鉴欧洲模式的公共住房建设（1940—1960 年）

巴西的城市化进程开始于 19 世纪末期，经济的快速发展推动了人口的城乡流动，城市人口从 1940 年的 31.2% 增加到 1960 年的 45.1%，由于城市移民增加而新建建筑的数量很少，城市工人阶级住房短缺问题随之而来，贫民窟问题进一步加剧。贫民窟大体上分为非法围拉、非法分包和入侵这三种类型。在当时，巴西主要借鉴欧洲的福利供给模式，由政府部门制定住房计划，直接为劳工阶层和贫民窟居民提供"现代化最低标准"的公共住房单元[116]（图 4.11）。

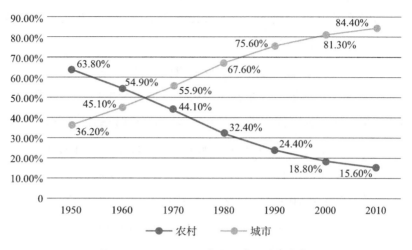

图 4.11 1940—2010 年巴西人口分布变化

图片来源：UN-Habitat. Scaling-up Affordable Housing Supply in Brazil：The "My House My Life" Programme，2013

3. 军事独裁下的住房金融体系建设（1960—1985 年）

1964—1985 年是军政府执政时期，这一时期在稳定政治和发展经济方面取得了一定成就。1964 年成立了国家住房银行（BNH）并且建立了住房融资制度，首次将住房问题列入政府政治议程。1966 年，巴西政府通过改革社会保障制度，创设保障就业基金会，其目的是为低收入人口购置房屋提供资金。到 1970 年，通过住房融资制度的储蓄和贷款系统共资助了大约 100 万套住房。1971—1980 年是巴西经济高速增长的时期，经济同比增长 8.7%，在此期间，资助住房的数量大幅增加。到 20 世纪 70 年代中期，经济危机开始蔓延，1986 年，国家住房银行宣告倒闭，在 1964—1986 年的 22 年间 BNH 资助了 400～500 万套住房建设，但它并没有避免巴西主要城市贫民窟和非正规住区的增长，这些城市占全国住房赤字的 40% 以上，并且资助的住房单位中只有 33.5% 用于低收入家庭（即工资最高为国家最低工资三倍的家庭）[117]。此外，随着军事独裁下得到经济奇迹的代价是贫富分化的严重加剧,大量城市人口被迫搬进贫民窟,巴西贫民窟数量反而激增。

4. 市场导向下的公共住房建设(1985—2000年)

在20世纪80年代,随着经济放缓,住房金融体系的问题开始出现。早些年,为了保护借款人免受高于工资增长的抵押贷款支出,国家住房银行于1967年制定了一项工资均衡计划。该计划确保贷款偿还不能高于工资增长。1985年,住房贷款违约率高达24%[116]。

进入20世纪90年代,改革和现代化成为巴西国家发展的主要基调。这期间国家政权频繁更替,导致公共住房政策缺乏连贯性,而不变的是几届政府都选择了市场导向的政策模式,持续减少住房领域的公共投入(表4.11)。

1990—2002年期间所任职总统推出的政策　　表4.11

年份	任职总统	推出的政策
1990—1992	科洛尔	采取市场导向的政策措施,给予私人企业以优惠条件,让房地产商参与社会住房项目,并设定建设400万套的住房建设目标
1993—1994	弗朗哥	由社会福利部推行"巴西住房"和"城市居住"等新住房计划,支持地方当局为贫困群体建造新住房,实施非法土地开发的合法化,以及改善贫民窟的环境状况等,并将地方设立相关工作委员会和基金作为获得联邦资助的重要前提
1995—1998	卡多佐	启动实施"支持住房计划""巴西住房计划"和"社会租赁计划",来提高城市社会住房供给水平
1999—2002		为了鼓励承租人购买社会住房,实施"住房租赁计划"和"社会住房补贴计划"

资料来源:Valença M M, Bonates M F. The Trajectory of Social Housing Policy in Brazil:From the National Housing Bank to the Ministry of the Cities[M]. Habitat International,2010,34(2):165-173

5. 国家住房供给体系的全面改革(21世纪以来)

2003年巴西劳工党政府执政后,展开了一系列住房供给体系的改革。

一是重建住房相关部门的架构和政策体制。2003年成立城市部（SEHAB）；2004年制定了新的国家住房政策；2005年建立了国家社会利益住房制度和基金。

二是低收入群体成为住房政策关注的重点。

三是推行多元化的公共住房发展计划。如2004年的"团结信贷（Crédito Solidário）计划"、2007年的增长加速计划、2008年首个全国性的长期住房规划"巴西国家住房规划（Plan Hab）"，以及2009年的"我的家园，我的生活（Minha Casa，Minha Vida）"计划等。当前，巴西国家住房体系已迈入一个全新的发展阶段，改革取得了一定成效[117]。

4.1.6.2 巴西保障性住房制度内容

1. 巴西住房保障部门的主要参与者

联邦政府负责公共政策的规划和实施，并控制住房的主要资金：巴西储蓄和贷款系统、工人遣散基金、巴西联邦储蓄银行，它还负责提供住房补贴。城市部由审议委员会支持，负责制定指导方针，确定优先事项，并确定执行国家住房政策的战略，该部还管理、监测和评价参与城市发展的公共机构制定的政策和方案。联邦政府的这些部门是民主管理国家、城市发展的重要工具，并发挥咨询作用，各种社会利益相关者通过审议委员会参与住房和城市问题的决策。巴西联邦储蓄银行（CAIXA）是住房金融的主要提供者，CAIXA占该国住房信贷的73%[118]。

州和市政府隶属于联邦政府。自1988年以来，市政当局负责实施各种城市计划，包括住房计划。这些计划由市政当局自行制定或与其他级别的政府合作，市政当局负责制定和实施总体规划和住房计划。

巴西住房体制中其他的重要机构是非政府组织和社区组织，这些组织在巴西发挥了非常重要的作用，负责城市改革运动。他们反对以市场为导向的住房和城市发展模式。非政府组织和社区组织还在政府信贷的帮助下参与了低收入家庭的住房供应[119]。

2. 治理贫民窟的对策

巴西有 3700 万家庭，其中 320 万家庭生活在贫民窟，1200 万家庭缺少城市基础设施和服务。84.5% 的贫民窟人口生活在大城市，以里约热内卢和圣保罗最为突出[120]。城市贫民窟的问题一直是困扰巴西经济和社会发展的难题之一，鉴于其造成的一系列严重的社会后果，巴西各级政府从 20 世纪 50 年代起就开始关注贫民窟的治理问题。从最初采取的取缔政策，转为承认贫民窟的合法性，承认土地占有者的使用权甚至所有权，再到之后对贫民窟进行升级改造，巴西治理贫民窟的对策发生了巨大的变化。至今为止，巴西在制定解决贫民窟问题的政策方面取得了重大进展[121]。

1）转变对贫民窟的态度和政策

刚开始由于城市人口规模尚小，巴西政府将贫民窟视为临时的解决办法，并且对待贫民窟居民主要采取驱逐的态度，力图抑制贫民窟的增长，并把贫民窟完全置于城市规划之外。但随着城市人口的日益增长，贫民和贫民窟的规模日益扩大，政府已经无法阻止其侵占土地的行为。后来随着联合国和国际社会加大对于全球贫民窟问题的关注，以及人们对新自由主义在拉丁美洲实践的反思，巴西政府改变了往日对贫民窟所采取的隔离和驱逐政策，承认贫民窟的合法性，并在此基础上采取了一系列治理措施[122]。

2）土地合法化和贫民再安置

巴西大量的贫民窟是贫民非法占用土地，利用旧木板、轮胎、纸板等材料自行建造而形成的。起初政府认为这些住宅不合法，但是，随着不断增长的住房需求，贫民窟继续蔓延。政府在治理过程中开始对一些有条件的贫民窟采取了土地合法化的政策，承认了土地占有者的使用权甚至所有权，解决了贫民区住宅的合法性问题。例如1994年，里约热内卢市政府实施的一项名为"城市非法居住区整治"的计划，这个计划的目标是给予贫民窟居民以合法的小块土地产权。据统计，里约地方政府1996—1999年共为城市建设工程投资了大约265亿美元，特别重视这类土地产权项目。

随着城市的发展，一些贫民窟占用的土地市场价值和社会价值发生了变化，阻碍了贫民窟合法化，因此巴西各级政府采取了异地安置政策。一方面可以解决贫民窟的土地需求和合法性问题，另一方面又将其重新纳入城市规划之中。

3）对贫民窟进行升级改造

巴西的城市贫民窟极度缺乏各种必要的生活基础设施，特别是那些位于城市边缘的贫民窟，情况更加严重。为此巴西政府对贫民窟采取了一系列升级改造措施。如1989—1992年，圣保罗市政府实施的"贫民窟城市更新计划"、2007年的增长加速计划（以下简称"PAC-Favela"）等。

PAC-Favela是2007年巴西政府领导的贫民窟改造项目，其目的是改善贫民窟的城市基础设施和服务，促进创收和社会包容性。该计划利用基础设施投资促进贫民窟与其周边地区融合，贫民窟改造的综合办法包括4个投资领域，详情如下[123]（表4.12）：

PAC-Favela 贫民窟改造的4个投资领域　　　表4.12

部分	范围
基础设施与服务	基础设施提供、无障碍、住房翻修或新住房供应

续表

部分	范围
根据土地所有权条件、城市分区和环境立法，对居住区进行土地整治和保有权保障；受益家庭的保有权保障	
社会支持	受益者参与项目执行：包括社会沟通，参与项目执行（人工），和后期职业能力建设
减少环境风险	预防自然灾害（如山体滑坡、洪水）的地质干预措施；重新安置处于迫在眉睫风险中的家庭，改善排水系统及污水系统，退化和危险区域的再生和环境教育

资料来源：Fernanda Cândido Magalhães. Slum Upgrading And Housing Latin America，2016

4）改善贫民窟的非物质条件，将贫民窟逐渐纳入城市发展体系

巴西社会两极分化的情况十分严重，这种分化不仅是在贫富之间的差距上，更多是在文化上。因此巴西政府开始着重改善贫民窟的非物质条件，增加社会包容性，将贫民窟改造与城市发展紧密结合，将其逐渐纳入城市发展体系之中。

里约热内卢市从1994年开始实施的"Favela Bairro"贫民窟改造计划较具有代表性，该方案由里约热内卢市政府实施，美洲开发银行共同出资。它遵循地方当局的基本做法，增加城市化过程中贫民窟合法化的机会，同时促进社会医疗和教育。它不仅包括住房单元的建设——除了因工程而重新定居的情况——也侧重于改善贫民窟所在地，最终目标是将其纳入当地社区。从1994—2000年，它完成了119个平均规模的贫民窟城市化，2001—2005年，对656个贫民窟进行干预，在4年期间使25万人受益[124]。

巴西政府认识到，贫民窟的治理与解决国内贫困和社会排斥问题是紧密联系在一起的，应给予贫民窟和贫民必要的尊严和社会地位，使其真正融入城市发展之中。

3. 中低收入阶层的住房政策

巴西的保障性住房由政府制定发展计划，企业主导开发建设。企业在获得土地后向政府提出建设保障性住房的申请，获准后负责市政基础设施与房屋建设以及销售等工作；政府的工作主要是审定购买对象资格、控制保障房价格、为企业提供优惠贷款及税收优惠、为购房者提供补贴及低息贷款、提供学校和医院等大型配套设施等。其中，地方政府负责对申请保障性住房的家庭进行登记和管理，并免费提供建房用地，与建筑商签署承建保障性住房的合同等[125]。

1）住房融资制度

巴西自 20 世纪 60 年代以来一直存在的住房融资制度，包括国家社会住房制度（以低收入家庭为重点）和全国市场住房制度，国家社会住房制度的重点是为低收入家庭提供住房，而全国市场住房制度则针对收入较高的家庭，这两个系统的资源来自工人保障基金（Fundode Garantia do Tempo de Serviço，即 FGTS）和住房储蓄制度（SBPE）[126]（图 4.12）。

工人保障基金于 1966 年创设，是一种有失业保险和住房保障功能的社会保障综合基金，把社会福利计划与筹措住房发展基金结合起来。其主要做法是：雇主按雇员工资的 8% 将个人福利基金定期存入 FGTS 中的雇员个人账户，这笔基金将全部转交给国家住房银行保管和经营（1986 年国家住房银行破产后由联邦储蓄银行管理），并按指数化（3% 的年利率加膨胀率）的年息率支付存款利息。

住房储蓄制度确立于 1967 年，该制度下的存款免征利息税，且至少 65% 的存款必须用于住房信贷或者购买住房贷款证券。2004 年，SBPE 抵押贷款在新房和现有住房之间平均分配。2009 年的数据显示，3/4 的 SBPE 贷款用于新房融资，只有 1/4 用于购买现有住房。SPBE 抵押贷款的贷款价值比率从 2004 年的 47% 上

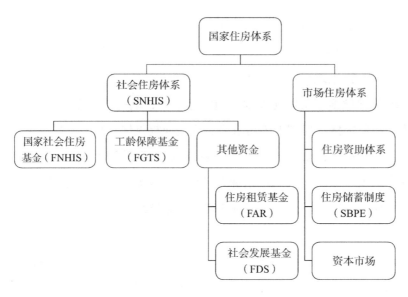

图 4.12　巴西住房金融体系

图片来源：潘小娟，吕洪业. 外国住房保障制度研究 [M]. 北京：国家行政学院出版社，2014：422-424

升到 2009 年的 60%。因此，贷款有望帮助满足日益增长的新住房需求。但由于个人住房贷款需要配合完善的个人征信体制（CCI）和住房征信体制（CCIP），因此最终的借贷者主要是信用风险低的中高收入群体，而低收入群体受益较少[127]。

2）政府住房发展计划

2009 年，全球金融危机之后，巴西政府启动了一项针对中低收入家庭的大型社会住房计划，该计划名为"我的家园，我的生活"（以下简称"MCMV"）。该方案旨在激励低收入和中产阶级发展正规住房市场。联邦政府拨出 340 亿雷亚尔（150 亿美元）用于建造 100 万套住房。MCMV 包括建立担保基金（FGHAB），为借款人分期付款提供担保，并降低保险成本、公证费和时间、低收入住房建设税、环境许可时间，它还制定了贫民窟正规化和分地条例。为了从 MCMV 投资中获益，州和各市必须签署一项协议，该协议规定了地方政府的责任。除此之外，地方政府应建立受益人登记册，并为私人开发商的项目拟订和许可提供便利。联邦政府通过联邦储蓄银行负责分析、授权商业化项目[128]。

4.1.6.3 巴西保障性住房制度的特点

1. 注重基础设施建设

面对城市贫民的基本基础设施和服务的公共投资不足，PAC-Favela 和 MCMV 方案借鉴了几个城市改善贫民窟物质、社会和经济条件的开创性经验，使贫民窟改造和住房规模达到前所未有的水平。PAC-Favela 计划从 20 世纪 80 年代后期开始运作的方案中学到的综合升级贫民窟概念，重点是综合升级，并将贫民窟与周围的城市结构融合起来，这超越了仅仅提供基础设施，并引入了社会支持。与以往的方案相比，PAC-Favela 和 MCMV 大大增加了贫民窟干预的规模和范围。

目前，中国保障性住房在量大面广的建设下，有些地方政府往往只是完成总量任务，没有提供基本社会服务。因此，从巴西的实践可以清楚地看到，应充分利用城市现有的基础设施，使保障房群体也能享受到便利的公共交通、医疗设施、教育机构、文化、体育和娱乐设施等配套设施。

2. 采取具有包容性的贫民窟改善措施

巴西政府将贫民窟的治理与解决国内贫困和社会公平等问题联系起来，采取了一系列包容性的贫民窟治理措施，具体包括：承认了土地占有者的使用权甚至所有权；承认贫民窟住宅的合法性，并纳入正式城市发展体系；对贫民窟进行升级改造，改善贫民窟居民的居住条件，提高居住水平；完善基础设施配置，实施积极的反贫困政策等。

2003年卢拉政府上台就推出了著名的"零饥饿计划",目标是修复社会排斥和减少社会不平等。"零饥饿计划"是从议案层面上,希望消灭饥饿,保障人民一日三餐,减少贫困和饥饿人数,并且为居民提供文化、教育和就业机会,帮助他们构建社会网络,从而缓解巴西社会中的贫困差距。"零饥饿计划"包括众多子计划,其中,"家庭救助金(Conditional Cash Transfer,即CCT)"最为突出。"家庭救助金计划"是一项投入相对较低,但减少贫困效果十分明显的社会计划。2010年,该计划的支出占巴西国内生产总值的0.4%,却使受益家庭接近1300万个,受益人数超过5000万人,覆盖全国所有的州。由于该计划有很强的目标定位性,受益人口绝大多数为贫困人口,尤其是在改善低收入家庭的生活条件和提高脱贫能力方面,作用十分突出[129]。

近年来,中国特大城市的城中村改造实践已经出现了观念上的转变,如叶裕民基于北京和广州的实践提出的"包容性"城中村改造就是相对于过去驱赶非户籍常住人口的"排斥性"改造的重大转变。

3. 双轨统筹:将贫民窟改造与市场化低收入住房相结合

巴西政府的住房保障政策主要有两条途径,一是生产和购置新的住房单位,这些方案力求通过建造新住房来解决数量上的住房短缺问题。具体表现在收购二手房;购买建筑材料、获得地块并建立服务地块等。二是贫民窟改造,这些方案通过采购建筑材料,处理城市和土地正规化以及改善非正规住区住宅存量不足的问题。具体表现在城市和土地的保有权正规化、扩建和改善住房单位、建筑物的修复和卫生设施的建设。政府通过双轨政策将贫民窟改造与市场化低收入住房相结合,在最大程度上满足住房需求(表4.13)。

巴西住房保障"双轨"政策　　　表 4.13

新增住房	贫民窟升级
社会住房计划	贫民窟城市化、合法化和整合化计划
社会住房补贴计划	支持住房计划
支持社会参与住房建设计划	巴西住房计划
个人信贷计划	增长加速计划
住房租赁计划	贫民窟重点投资计划（PPI）
团体信贷计划	
团结信贷计划	

资料来源：UN-Habitat. Scaling-up Affordable Housing Supply in Brazil：The "My House My Life" Programme，2013

4.2 其他地区和国家保障性住房建设与中国国情的比较分析

4.2.1 中国香港地区住房保障制度对中国的启示

1. 制定保障房政策要定位准确，精准帮助住房困难家庭

香港的保障性住房有着明确的定位，例如公屋定位于广大中低收入家庭，其首要任务是为有需要的市民提供租赁公屋，其次让有意自置居所的家庭更容易实现其理想。与此同时，必须认识到政府保障性住房扶持的对象并非所有人，仅提供给特定收入线以下、住房短缺的家庭，保证保障性住房分配的公正。并且设置租金时，不是简单地定出优惠比例，而是具体考虑地点、面积、物价指数、工资变动、运营开支、差饷等多种因素，这样才能精准、公平地对待每一个保障家庭。与中国住房保障体系比较，中国保障性住房诸如经济适用住房、廉租住房的扶持对象界定不够准确，建设标准不够细化，在分配管理环节上政府与企业的职能划分还不够清晰。

2. 成立专门的运营管理机构，促进保障性住房可持续发展

香港负责保障性住房计划实施的机构主要有房屋委员会和房屋协会。房屋协会于1951年取得法定机构的资格，并于1952年开始获得政府以低于市价批出的土地，兴建供低收入人士入住的房屋。房屋委员会是负责住房保障工作的专门机构，但不是一个简单的公务员组成的官僚机构，而是由一群在各个专业都很精深的专家组成，主席是非政府官员，委员大部分具有不同的专业背景，代表不同的社会阶层，同时也利于吸引私人资金参与公屋、居屋的建设和管理。与香港相比，中国目前管理部门较多，却没有一个能完全负责立项、土地、设计、建设、分配、退出机制、经营、金融、物业等工作的保障性住房运营管理机构。

3. 精心设计严密的保障性住房运行机制

香港政府通过设置公屋轮候册，按等级次序向符合资格的申请人供应公屋，房委会每年检查轮候册收入及资产限额，以确保限额符合当前的经济和社会状况，并确保真正有需要的市民能符合资格申请公屋。不仅如此，为确保申请信息的准确性，规定公屋住户每2年需向房屋署申报财产，若虚报资料，房委会将终止其租约，并根据香港法例规定予以检控。精心设计一系列严密的保障性住房运行机制，可以使得住户非常清楚地知道自己是否具有申请资格，从而保证了真正有住房需要的家庭居住在政府提供的住房里。与之相比，中国目前在资讯共享、公开公布信息、审核机制、作假处罚机制上都还有很大差距。

4. 注重资金平衡

世界大部分国家针对住房保障工作，都是从国家财政中支出和负担较大的一块，因为整体说来住房保障属于社会福利的一部分，需要大量的公共资金提供给低收入群体。而香港通过精细化管理和

政府注资成立专门资本池，加之房屋署对居屋出售、商业单位和停车场的出色经营，使得整个保障房资金在近年来基本实现了平衡，这是十分了不起的成就。中国的保障房建设对资金的要求巨大，中央政府、地方政府、银行、社会企业都通过各种渠道加大投入，但仍显力不从心。我们可以借鉴香港的经验，加强商业配套的经营和产权型保障房的出售工作，力争保障房建设资金也能走上良性循环的状态。

4.2.2 新加坡住房保障制度对中国的启示

1. 坚持保障性住房的小户型低价位，提供租用和购买的渠道

新加坡早期组屋是以租为主，但随着政府整体能力提升，逐渐过渡到以售为主。以售为主可以减轻国家负担，提升住房保障质量。当然也要看到这是由于新加坡的整体国力提升后的新阶段。对中国住房保障建设而言，建立廉租住房、公共租赁房、经济适用房等多层次的保障体系十分必要。近几年，中国产权型保障房如经适房建设趋于停滞，从新加坡的经验中可以看出，租赁型和产权型的保障房不可偏废。

2. 保障性住房应成立高效能和集中的机构来推动

新加坡建屋发展局这一机构，是法律赋予其特定的使命和权力，能够对组屋的土地、规划、租售、管理、监督全权负责，有专业人员和严格而合理的规章制度保证其社会公平性和产品的品质。相比之下，中国目前既没有专门机构负责保障房全程事宜，也缺少科学的规章制度及专职的人员从事住房保障工作。

3. 大力发展住房公积金制度，提高居民购房能力

新加坡的住房公积金制度，能够为中低收入阶层购房或支付月供贷款提供巨大的支持，成为实实在在的住房保障资金来源。中国

借鉴新加坡的经验，虽然已经建立了住房公积金制度，但住房公积金覆盖率低，没有覆盖到所有城镇职工特别是低收入人群，国家在新常态下，希望务工人员能以新市民身份购买住房，起到去库存的作用，但如果没有公积金制度强有力的支持，是很难实现的。

4.更新计划的公众参与度高

从新加坡旧市镇的更新办法可以看出，原居民的支持度非常高，这来源于两个方面，一方面是居民参与论证，能够保证居民自身的利益和话语权，在中国成都的曹家巷改造中也尝试引入居民自治体系。另一方面是更新后的结果确确实实能让原居民从住房面积、居住环境等方面提升居住条件，得到居民认可。中国在棚改过程中，有时过于强调开发的利益，强调一块地能产生的经济效益或提升城市形象上的意义，却忽视了原住民对更新改造的意愿与是否得到了实在的利益。

5.结合国情，看到保障性住房建设的阶段性和长期性

新加坡目前的组屋已经成为全世界各国低收入阶层住房的典范，但中国不能一下子就直接拿来套用，应该看到新加坡的保障房同样经历了20世纪60年代的第一代产品到如今的成熟状态，其中也在做着动态调整。对中国而言，国土面积大，发展不平衡，住房保障工作必然要经历更多阶段和更长时间，循序渐进是我们应把握的方向。

4.2.3 美国住房保障制度对中国的启示

1.准确把握市场与政府角色，明确中央与地方政府职责

美国是世界上市场经济最发达的国家，从美国的公共住房政策可以看出，市场在建设、融资、金融支持等方面起到的重要作用。在美国住房政策中，得到住房的机会在于随着供求关系改变而发生

变化的住房的价格[130]。中国还处于摸索市场经济规律的发展时期，可以借鉴美国对于政府和市场角色的定位，哪些问题由政府主导和管理，哪些问题交给市场，发挥市场的灵活性和高效率。

不同于中国香港和新加坡这类城市的保障性住房政策，美国与中国的国土面积和行政区划均有相似之处，美国从联邦政府到各州政府的权力、义务、责任的分工是值得中国学习的。中国传统上一直都是由国务院统一确定住房保障方向、政策，定下统一的规则。而事实上，每个省类似于美国的州，都有不同的情况和经济实力，因此因地制宜，给予地方政府更多权力，明确中央与地方政府的职责非常重要。

2. 注重保障性住房的量与质同步发展，避免"贫民窟"的出现

美国的第六希望计划告诫我们政府不应只局限于解决低收入家庭"居者有其屋"的硬件问题，也应该关注贫困集中、社会等级差距扩大等"软问题"，20世纪60年代末的美国150个城市骚乱及80年代洛杉矶暴动，更加坚定了美国政府推行这一计划的决心。中国目前正处于大规模建设各类保障房的阶段，但应该在建设伊始就借鉴美国第六希望计划的某些内容，力争不走美国某些住区衰败的老路。否则，中国保障性住房住区如果陷入衰败，会引发更大的社会问题，更新计划也势必付出更大的社会成本，这一点，在中国目前这个阶段具有尤为重要的意义。

3. 多样性的配套政策促使保障性住房计划的顺利实施

美国保障性住房相关法规健全，不同时期的保障性住房政策具备动态性，保障性住房复兴过程中采用新城市主义社区设计原则，大量的社区帮扶性服务、广泛的社会参与，尤其是普通居民的参与等方面都是值得借鉴的。中国目前没有关于住房保障的法律，这与美国多层次、全方位的法律体系有较大差距，可以看出，法律是执

行很多计划的基础，中国应加强立法工作。同时中国在硬件建设之余，应关注社区的构成和人与人的交流，促进社会融合，这也可借鉴美国的很多做法。

美国保障性住房复兴所导致的大量低收入者重新搬家，他们的居住环境并没有多大改善，这点我们应该引以为戒。中国在棚户区改造（旧城改造、"城中村"改造）过程中，应该妥善处理原住户的重新安置问题。

4. 建立多层次全方位的金融支持体系

通过美国的住房保障建设过程和制度，可以看出经过初期大规模的建设后，实物安置逐渐过渡到货币补贴是必然规律。中国目前正处于一个大规模建设的后期，下一个阶段必然会逐步过渡到货币补贴。而中国目前金融贷款等手段还较少，补贴往往是简单化的发放现金和租金打折等方式，对比美国可以看到，其强大的税收、债券、低息贷款、租金券、购房券等方式，银行、金融机构、管理部门等已经建立了一个齐全的融资体系，这不仅可以为广大中低收入阶层提供资金支持，还可以减小国家财政压力，盘活社会资金，将保障房从各级政府的负担变为优质资产。

4.2.4 英国住房保障制度对中国的启示

1. 建立相关立法保障低收入居民的住房

解决低收入居民的住房问题，是社会福利的一部分，应上升为法律，并设立专门的负责机构和必要的资金投入来实施。英国住房法律提出公民居住权利是基本人权，应得到政府的保障。这就明确了住房保障不是需不需要做的工作，而是中央和地方政府的责任。住房保障资金也由法律予以保障，在英国的中央财政预算中，其住房保障资金，大约占中央财政预算支出总额的6%。

2. 住房保障方式与社会经济发展水平息息相关

在公共住房数量远不能满足需求时，政府通常采用大规模兴建保障房的措施，增加公共住房供给；当公共住房有了较为稳定的数量后，政府就可以将主要的财政投入到房租补贴上，用无形的手调节市场和空间布局，同时也为中低收入阶层提供更大的自由度。在经济形势较好的周期，可以多考虑建设租赁型保障房，以低租金形式补贴保障对象，为民谋福利；而当经济形势不好时，可以考虑减免税收和降低贷款门槛，鼓励保障对象购买公共住房，以出售的形式降低政府财政压力，形成另外一种形式的惠利于民。故某一发展阶段的住房保障方式的选择和确定必须要和住房供求关系相适应。

3. 关注关键工作者的住房保障问题

英国新的保障房制度中十分关注关键工作者的保障，如为护士、教师、警务人员等提供资金和优惠政策。在中国新常态下，新就业大学生、基层公务员、普通教师都逐渐成为中低收入阶层，迫切需要针对他们的住房保障条款，而不是所有保障对象都是同一政策同一标准。

4. "体面住房"体现保障房住区的全面性

从英国提出的体面住房的 8 个标准要求可以看出，其涵盖了人与人的交往、绿色生态理念、设计合理人性化、周边完善的配套、产业用地的配合、人文环境塑造等各个方面，而以体面住房来标记正说明保障房的人文关怀才是解决其与城市融合的核心所在，要给保障对象以体面的生活，而不是物质上的施舍。中国保障房建设量大，在短时间内建设上千万套，但往往无法涵盖英国体面住房体现的方方面面，甚至很多小区一项标准都未达到，因此，借鉴这些标准可以很好地完善中国保障性住房的规划和设计。

4.2.5 日本住房保障制度对中国的启示

1. 重视公共住宅工业化生产和质量提升，延长公共住宅的使用寿命

日本住宅产业工业化和标准化设计方式与技术研发大幅度地提高了住宅建造的能力和速度，同时也降低了工程造价。现阶段，中国仍处于住宅大规模建设期，可根据中国的国情加快制定有关住宅产业现代化政策和完善住宅相关标准规范体系，以帮助公共住宅的大规模建设。

日本住宅在建设初期制定了多个"住宅建设三年计划"，在短时期内解决了大量居民的居住需求，但当时采取粗略的标准化设计以及大批量建造的方式，使得当时建造的公共住宅寿命较短且建造数量较多。到如今这些建筑大部分都年久失修，建筑严重老化。为此日本创立了优良住宅部品认定制度，通过对住宅部品的外观、质量、安全性、耐久性等多重条件进行综合审查和鉴定。这一制度对提高日本住宅质量，延长公共住宅的使用寿命起了关键作用。与此同时，日本国土交通省于2008年以建设200年住宅为目标，制定了"住宅档案制度"，对住宅的各种信息进行收集和管理。

中国是世界上每年新建建筑量最大的国家，每年20亿 m^2 新建面积，相当于消耗了全世界40%的水泥和钢材，但中国建筑中住宅品质低，住房使用寿命只能持续25—30年。为提升住宅质量和延长其使用寿命可借鉴日本经验建立中国的住宅部品评定和市场准入制度，同时率先在国家公有资金建设的保障房中积极推广住宅建设新技术，延长公共住宅寿命，建设面向未来的可持续高品质的公共住宅。

2. 针对人口老龄化，制定专门的政策和设计标准

日本在未进入老龄化时期就开始大量兴建公共住宅，随着日本进入老龄化社会，公共住宅的居民同样拥有老龄化问题的困扰。针对这一问题，日本建立了高龄者优良租赁制度，同时法律规定了高龄者优良住宅要符合特定的质量标准和管理要求。

中国社会的老龄化进程正在加速。截至 2018 年底，全国 65 岁以上人口占人口总数的比例达到 11.9%。预计到 2030 年，65 岁以上人口占比将上升至 15%。中国在大量兴建保障性住房的同时也要面临如何解决老龄化问题。在未来可展开相关的调研，总结出中国老年人口的基本生活习惯和社会习惯，借鉴日本在解决老年人住宅问题中研究出的相应技术和措施，制定针对中国老年人保障性住宅的政策。

3. 积极改良住宅，与城市协调发展可持续型保障性住房

日本现阶段所面临的住房问题已经发生了改变，从原来提升公共住宅数量到提高公共住宅的居住水平再到现在发展可持续型公共住宅。

为此日本政府制定了建筑物综合环境性能评价系统。该系统将对建筑物的居住性和对地球环境负荷等综合环境性能进行评价。同时日本政府高度重视制定公共住房发展规划，设立都市再生机构，该机构致力于旧城区改造和更新，通过对建设年代长久的老旧住宅进行翻新改建，改善老旧社区的环境，使其与城市发展水平相协调，同时对旧有的公团住宅进行管理，推进城市街道基础设施的建设。

2009 年，为改造城镇危旧住房、改善困难家庭住房条件，中国对国内煤炭采空区、林场、农垦及华侨农场中棚户区进行大规模改造。中国未来住房保障在满足基本量的供应之后，政策重心会逐

步过渡到提高整体居民的居住水平上来。在这期间我们可以借鉴日本改良住宅的经验，积极推动棚户区改良，同时，对现行的保障房技术和标准进行调整，从而最终建立与城市协调发展的可持续型保障性住房。

4. 建立不断更新的多层次保障房体系

日本的保障房体系主要包括房源供给、供给对象、保障方式的多层次等，同时，在不同时期会根据当前所处的阶段对保障政策进行调整。目前中国的保障房主要由经济适用住房、廉租住房、公共租赁房、棚户区改造房构成。对中国而言，国土面积大且各地区之间发展不平衡，制定阶段性多层次的保障住房策略，一方面有利于分担地方政府住房保障的压力；另一方面，能够更加针对性地满足不同的人群，最大程度地保障不同经济水平的人能够获得合理的保障住房。

4.2.6 巴西保障性住房制度的启示

1. 建立完善的住房金融体系

纵观巴西住房金融系统，其住房金融机构体系结构完善，由国家住房银行统一指导下的储蓄与贷款银行、联合住房公司及互助储蓄与贷款协会这三类住房金融机构，共同承担起全国的住房金融业务。不仅改善了居民居住条件和居住环境，还有利于缓解失业等社会问题，并带动整个国民经济的发展。

目前，中国金融渠道相对单一，保障性住房金融体系缺失。银行贷款仍然是房地产企业的开发资金和消费者购房资金的主要来源，低收入家庭购买住房的负担十分沉重。而中国的保障性住房金融政策更加零散，住房金融还没有迈上制度化的层次。住房公积金作为住房建设的主要金融政策，覆盖面很窄。因此当前中国有必要借鉴巴西经验,制定完善的住房金融体系。

2. 采取渐进的包容性方式消解"城中村"等非正规性住房

巴西政府对贫民窟的政策从最初的强制拆除迁移,到改善贫民窟非物质性条件,体现了政府寻求非正规性住房在城市空间与制度层面上合理定位的历程。巴西的成功经验是,在尽可能维系原有社区和居民的前提下对贫民窟等非正式聚居区进行升级改造,通过土地和住房的合法化,将其纳入正规的城市管理并完善配套服务。由此,一方面充分扩大低成本住房的供给渠道,降低建设成本;另一方面在社区参与更新改造的过程中,维系原有社区社会网络,强化社区归属感和责任感。对中国城市治理"城中村"等非正规住房提供了借鉴方法。

在这方面,中国在城中村改造中必须考虑到其基本住房、空间形态和居民需求等诸多问题,不能盲目地以市场利益为导向,以土地发展为目标。同时,也需要改善其基础设施和公共设施,消除文化隔阂,使村民融入现代化城市文明之中。

3. 采取社会租赁性政策来满足"夹心层"住房需求

巴西针对住房短缺问题,提出了多种低成本住房的供给模式,其中包括通过社会租赁性政策来满足"夹心层"群体的住房需求。住宅租赁计划(PAR)成立于1999年,旨在使每个人获得"自己的房子"。在租赁15年后,租户可以选择购买房屋或公寓。财产由项目运营商提供。在许多重要方面,该计划意味着巴西住房政策方面的创新和进步。只要通货膨胀得到控制,15年后,购买住房就不会给租户即买方带来很大的额外费用。根据通货膨胀指数,有可能有剩余借方。在合同结束时,支付的所有租金(相当于每月建筑费用的0.7%)将算作有效付款[123]。

中国住房供给主要以商品房市场为主,结构较为单一,住房租赁发展对于构建多层次住房供给体系具有重要意义，也存在巨大发展空间。目前，中国住房在租赁市场的多层次和低成本供给模式也开始出现。既包括万科（泊寓）、龙湖（冠寓）、链家（自如）等开发商和中介发展的长租公寓项目，也包括基于互联网平台的"机构房东"（YOU+、魔方等）。相信不久的将来能真正实现全体人民"住有所居"。

4.3 本章小结

本章选取中国香港、新加坡、美国、英国等地区和国家的保障性住房建设制度作为研究对象，采用比较分析的方法，系统地从各地区和国家的保障性住房制度发展历程、制度内容、制度特点几个方面进行分析。在这些地区和国家中，美国有着和中国类似的国土面积和行政区划，能够从中央与地方的权责划分上比较分析；英国拥有悠久的保障房建设历史，对中国的保障房建设有发展规律的借鉴；新加坡则拥有世界上最完备的保障房体系，其住房建设的成就也是有目共睹，能够给中国保障房建设带来制度、法律、标准等方面的启发；中国香港紧邻大陆，高度发达的市场经济以及作为超大型城市的高效管理体系，使得中国香港的公屋建设在很短的时间内取得了良好的成果，尤其对中国某些超大城市的保障性住房建设有参考价值。

本章通过比较研究得出的启示是全方位的，例如：

关于体制与立法层面，制定保障房政策要定位准确，精准帮助住房困难家庭；成立专门的运营管理机构，促进保障性住房可持续发展；精心设计严密的保障性住房运行机制；准确把握市场与政府角色，明确中央与地方政府职责。

关于金融与运作层面，大力发展住房公积金制度，提高居民购房能力；注重资金平衡；建立多层次全方位的金融支持体系。

关于保障方式和标准层面，坚持保障性住房的小户型低价位，提供租用和购买的渠道；"关注体面住房"体现的保障房住区的全面性。

关于保障房长期建设的理念与方法层面，保障性住房建设的阶段性和长期性；提高更新计划的公众参与度；注重保障性住房的量与质同步发展，避免贫民窟的出现；关注关键工作者的住房保障问题。

结论与展望

中国城镇保障性住房建设经历了经济适用房、廉租房、公租房建设的几个阶段后，当前正在进行城镇大范围棚户区改造。在全民低水平保障的基础上，经过近30年的城镇住房制度改革和建设，中低收入阶层的居住条件得到了很大提升。困扰保障性住房建设的原因主要是政策制定上滞后，即对未来保障房建设的趋势缺乏预判，政策只是解决当前主要矛盾的短期手段，不宜过多地作为调控经济形势的手段；城市选址偏远，基础设施不完善，保障对象无法真正用低成本享受到政策性住房，这个成本包含直接成本和间接成本；保障房自身不够宜居，小区布局简单、公共空间缺乏、户型不经济、室内空间利用率低。本书以中低收入阶层的保障性住房建设为研究对象，对保障性住房的制度构建、住房制度改革中的供应体系及其他地区和国家保障性住房制度的发展等方面开展研究，结论与成果如下：

梳理中国住房制度改革及保障性住房建设的发展历程。本书将这个历程分为五个阶段：单位大院全社会保障阶段、住房制度改革摸索阶段、住房制度改革推进阶段、住房制度改革深化阶段、回归保障性住房民生的改革阶段。进而分析了保障性住房制度在每个阶段中扮演的角色和发展过程，并与境外地区和国家的保障房建设制度进行了对比分析，研究表明：解决中低收入阶层的住房问题，是一个长期分阶段的过程。保障对象会随着社会经济发展，逐渐发生变化，例如经适房保障对象为城镇中低收入阶层，廉租房保障对象为城镇最低收入阶层，公租房保障对象为城镇夹心层和外来务工人员等，国家是按照面临的主要矛盾的顺序逐渐提高中低收入阶层的居住水平。当前中国的保障房建设与其他地区和国家相比，在立法、制度构建、机构建设、金融手段、土地供应、城市平衡、保障方式、住房标准等方面还存在很大差距，值得去研究和完善。尤其应该引起重视的是，由于缺乏制度层面稳定、明确的界定，使得中国当前住房保障工作有将本该由政府主导和负责的工作，在GDP增长及土地财政压力下，转向由地产开发引领的趋势。例如棚改中大量的货币安置及寄希望于中低收入阶层承担去除房地产库存的任务。货币安置容易混淆保障房与商品房的界限，将其单纯推向房地产领域，同时中低收入阶层对购买库存房的承受力尚存疑问，开发商开发的楼盘又往往忽视了保障对象社区化、生活化的需求，以上都是通过分析住房制度改革历程得出的结论。本书通过制度文件、公务人员访谈、社会事件重现，全方位地回顾了中国保障性住房建设历程，阐述了广大市民从计划经济阶段到市场经济阶段的思想转变历程，且通过对比研究得出的结论与后续章节的研究存在紧密的关联，因此这种对历程的详细梳理是本文重点关注内容之一。

本书对保障性住房体系制度宏观层面的设计策略做了大量富有成效的探索工作，并得出了一系列结论。但限于时间、数据等因素，还有诸多问题需要进行下一步研究，主要包括数据来源的全面性和拓展性。本书涉及了宏观、中观多个维度的保障性住房建设研究，势必牵涉到政策、中央政府建设数据、各地区建设数据等宏观数据，研究主要通过查找国家统计局、各地方统计局、住建部、卫计委、课题组和本人能接洽到的地方建设系统的数据进行研究。中微观的研究数据主要通过查阅各省市的城市总体规划、住宅建设规划、保障房建设规划、相关住区设计案例、各种专著及专业杂志、各类实际设计项目文本、对各级管理部门及参与单位进行的调研、发放调查问卷、实地考察调研等多种方式获得进而开展研究。虽然笔者已经尽了最大努力收集了近百份文件通知、户型和设计项目文本，发放了300多份问卷调查，进行了近100人次的访谈调查，实地调研了北京、上海、深圳、南京、长沙、郑州、西安、岳阳、株洲等各类城市的保障房建设项目和一些厂矿大型园区的生活区。但在某些章节的结论中，仍感数据的说服力还不够。后续研究中，如果能有更多更翔实的数据支撑，文中的数字结论将进一步修正。

  本书在撰写过程中得到了各方面人士的帮助与支持。湖南大学建筑学院的相关教授、老师、博士给予了笔者大力支持，魏春雨教授作为本人博士研究生导师，提出了许多宝贵的指导意见，黄祺媛参与了本书调研及插图绘制；还有湖南省住建厅，长沙市住房与保障局、房地局对本研究在政策和数据方面提供的支持，在此一并表示最诚挚的谢意。

参考文献

[1] 联合国人居署.和谐城市：世界城市状况报告2008/2009[M].吴志强，译.北京：中国建筑工业出版社，2008.

[2] 世界人权宣言[EB/OL].（1948-12-10）. http：//www.un.org/chinese/work/rights.htm.

[3] 谢霄亭，马子红.城镇居民住房获取概率的差异及其影响因素[J].西部论坛，2015，25（6）：44-53.

[4] 建设部课题组.多层次住房保障体系研究[M].北京：中国建筑工业出版社，2007.

[5] 刘鹏宇.我国公共保障性住房存在的问题及改善对策的研究[J].商，2015（10）：69.

[6] 张占录.我国保障性住房建设存在问题、发展障碍与制度建设[J].理论与改革，2011（3）：72-75.

[7] 杨志勇.我国保障性住房分配制度探究[J].城市规划与管理，2015（10）：158-159.

[8] 何玲玲，李犇.加快新生代农民工市民化进程分析：基于基本公共服务均等化理论视角[J].广西师范学院学报（哲学社会科学版），2015，36（6）：75-78.

[9] 宋健,李静.中国城市青年的住房来源及其影响因素：基于独生属性和流动特征的实证分析[J].人口学刊,2015,37(6):15-23.

[10] 孙忆敏.我国大城市保障性住房建设的若干探讨[J].规划师,2008,24(4):17-20.

[11] 冯念一,陆建忠,朱嬿.对保障性住房建设模式的思考[J].建筑经济,2007(8):27-30.

[12] 张群.居有其屋：中国住房权问题的历史考察[D].中国社会科学院研究生院,2008.

[13] 秦玲.建国以来杭州居住小区变迁浅析：以三个居住小区为例[D].浙江大学,2015.

[14] 陈默.世界住宅概况[M].香港：励志出版社,1993.

[15] 施梁.城市居住用地发展研究[D].东南大学,2000.

[16] 仇新刚.住房制度改革对城镇居民储蓄行为的影响研究[D].湘潭大学,2011.

[17] 贾康.中国住房制度改革问题研究[M].北京：经济科学出版社,2007,73.

[18] 刘旭东.合肥市保障性住房规划建设研究[D].合肥工业大学,2012.

[19] 王巨辉.我国现阶段公共住房政策研究[D].重庆大学,2008.

[20] 秦文嵚.当前我国政府对城镇居民住宅房产市场调控政策研究[D].南京工业大学,2012.

[21] 任昕.我国城镇住房保障制度：发展型社会政策的视角[D].中山大学,2009.

[22] 孔南钢.南京市住房保障体系研究[D].南京大学,2008.

[23] 金凯.房地产企业核心竞争力研究[D].复旦大学,2005.

[24] 刘洋君. 成长型中小房地产企业发展策略研究 [D]. 中国科学院研究生院管理学院，2007.

[25] 刘娇. 城镇廉租住房制度运行分析 [D]. 长安大学，2009.

[26] 李晓伟. 收入不平等对商品房价格影响分析：基于面板VAR的实证研究 [D]. 重庆大学，2012.

[27] 何津. 我国住房保障法律制度研究 [D]. 天津工业大学，2012.

[28] 牛晓晔. 基于系统动力学的公租房融资风险评价及控制研究 [D]. 重庆大学，2013.

[29] 夏丹. 保障房建设新特征与商业银行金融支持 [J]. 新金融，2012（10）：31-35.

[30] 谢书倩. 新时期我国城镇住房保障体系的实施研究 [D]. 东南大学，2010.

[31] 何俊芳. 我国住房保障问题研究 [D]. 中国人民大学，2009.

[32] 什么是共有产权住房？[EB/OL]. http：//zjw.beijing.gov.cn/bjjs/xxgk/ztzl/gycqzf/index.shtml. 2020-10-15.

[33] 黄石列入共有产权住房试点城市 [EB/OL]. http：//www.huangshi.gov.cn/xwdt/bmdt/201404/t20140404_272457.html. 2014-04-04.

[34] 关于支持北京市、上海市开展共有产权住房试点的意见：建保〔2017〕210号 [EB/OL].（2017-09-14）[2020-10-15]. http：//www.mohurd.gov.cn/wjfb/201709/t20170921_233369.html.

[35] 北上深等6城试点共有产权住房 居民与政府合伙买房 [N/OL]. 新快报，2014-06-06. http：//finance.people.com.cn/money/n/2014/0606/c218900-25111722.html.

[36] 佛山市开展共有产权住房政策探索试点工作方案 [EB/OL]. http：//www.mohurd.gov.cn/wjfb/201709/t20170921_233369.html.

2018-06-28.

[37] 李爱娟. 我国廉租房保障问题及对策研究[D]. 湖南师范大学, 2009.

[38] 郝永涛. 我国城镇廉租房建设的房源供应研究[D]. 重庆大学, 2007.

[39] 欧阳婉毅. 我国住房保障制度研究及美国经验借鉴[D]. 武汉科技大学, 2009.

[40] 胡川宁. 住房保障法律制度研究[D]. 西南政法大学, 2014.

[41] 吴金梅. 我国公租房建设的投融资问题研究[D]. 中国社会科学院, 2011.

[42] 陈飞. 我国公租房REITs融资模式分析[D]. 辽宁大学, 2018.

[43] 苑东亮, 薛苗苗. 公租房现阶段的问题分析与应对[J]. 价值工程, 2015（4）：36-38.

[44] 贾转妮, 侯冰. 关于棚户区改造项目的实践思考：以山东省博兴县为例[J]. 中国财经信息资料, 2014,（27）：37-40.

[45] 龙雯. 公共住房保障中的政府责任研究[D]. 湖南大学, 2012.

[46] 李云川. 我国住宅产业转型发展的若干趋势研究[D]. 浙江大学, 2012.

[47] 张萍. 城市公共住房体系建构策略与建筑形态研究[D]. 天津大学, 2014.

[48] "棚改"提速地产新蓝海浮现[J]. 城市住宅, 2015（9）：78-82.

[49] 唐敏. 校准房地产市场"民心标尺"[J]. 瞭望, 2017（9）：36-37.

[50] 2018年全国保障性安居工程财政支出同比增长46.4%[EB/

OL].（2013-6-5）[2019-6-5]. http：//www.gov.cn/xinwen/2019-06/05/content_5397707.htm.

[51] 国务院关于加快棚户区改造工作的意见[EB/OL].（2013-7-5）[2013-07-12]. http：//www.gov.cn/zwgk/2013/07/12/content_2445808.html.

[52] 棚户区改造工作激励措施实施办法（试行）[EB/OL].（2016-12-19）[2016-12-19]. http：//www.mohurd.gov.cn/wjfb/201701/t20170110_230263.html2016.

[53] 江西省棚户区改造工作激励措施暂行办法[EB/OL].（2019-6-14）[2019-07-18]. http：//www.jiangxi.gov.cn/art/2019/7/18/art_14325_705692.html.

[54] 河北省政府购买棚改服务管理办法[EB/OL]. [2015-12-08]. http：//zfcxjst.hebei.gov.cn/xxgk/fdzdg/zhengcewenjian/tfwj/201512/t20151210_217890.html2015.

[55] 崔霁. 棚改货币化安置对房地产拉动效果明显[EB/OL]. 新华网, 2017-11-19. http：//www.xinhuanet.com/fortune/2017-11/19/c_129744411.htm2017.

[56] 成都市商品住房购房登记规则指引（试行）[EB/OL].（2017-12-15）[2018-05-15]. https：//www.cdfangxie.com/Infor/index/id/3930.html2017.

[57] 告别棚户区迈向新生活：乌鲁木齐老城区改造圆百姓安居梦[N/OL]. 新华网. http：//www.xinhuanet.com/2019-03/13/c_1124229516.htm.

[58] 扶余承认棚改造假：记者追问拆迁面积官员称记不清[N/OL]. 中新网. https：//www.chinanews.com/gn/2016/04-28/7852476.shtml.

[59] 杨永梅，段红平. 从行政法角度分析昆明城中村拆迁改造 [J]. 价值工程，2011（5）：188-189.

[60] 刘倬. 关于我国长租公寓市场发展的思考和建议 [J]. 中国建设信息化，2017，13（44）：83-84.

[61] 规范性长租公寓"泊寓"入局万科深入探索租赁市场蓝海 [N/OL]. https：//www.vanke.com/news.aspx?type=31&id=3765.

[62] 链家研究院：2017-2018年长租公寓白皮书 [R/OL]. http：//www.199it.com/archives/763641.html.

[63] 前瞻产业研究院. 2018年长租公寓行业发展研究报告 [R/OL]. https：//bg.qianzhan.com/report/detail/1811291630270619.html.

[64] 罗诗勇. 基于城中村视角下的青年群体长租公寓改造设计研究 [D]. 深圳大学，2017.

[65] 杨汝万，王家英. 香港公营房屋五十年：金禧回顾与前瞻 [M]. 香港：中文大学出版社，2003.

[66] 黄大勇. 综援金公屋并用香港住房保障经验值得借鉴 [N]. 中国房地产报，2007-1-21.

[67] 王坤，工泽森. 城市低收入者住房问题的解决之道：香港公屋制度对中国内地的启示 [N]. 中国经济时报，2005-6-10.

[68] 田一淋. 基于PIPP模式的公共住房保障体系研究 [D]. 同济大学，2008.

[69] Chew C T，Lee E，et al. A History of Singapore[M]. Singapore：Oxford University Press，1991.

[70] Wong T-C，Xavier G. A Roof Over Every Head Singapore's Housing Policies in the 21st Century：Between State Monopoly and Privatisation[M]. Sampark Press，2005.

[71] 张祚. 公共商品住房分配及空间分布问题理论与实践：以

新加坡公共住房和中国经济适用住房为例 [M]. 北京：中国建筑工业出版社，2012.

[72] Tu Y. The Macro Impacts of Public Resold Dwellings on Private Housing Prices in Singapore[J]. Review of Urban & Regional Development Studies，2003（15）：191-207.

[73] 姚玲珍. 中国保障性住房政策模式研究 [M]. 上海：上海财经大学出版社，2009.

[74] 张晨子. 新加坡住房保障政策对我国保障性住房建设的启示 [J]. 成都大学学报（社会科学版），2011（8）：1-5.

[75] 江泽林，李子青，刘晓君. 城镇住房保障理论与实践 [M]. 北京：中国建筑工业出版社，2012.

[76] CARTER-BOONE L S. United States Low-Income Housing Policy from 1930 to 1995：Assessing the Feasibility of the Advocacy Coalition Framework to Explain Policy Change and Learning at the U.S. Congressional Level[D]. University of Missouri-Columbia，2001.

[77] Hill K C. Affordable Housing and Governance in Cities[D]. Atlanta Clark Atlanta University，2000.

[78] 李德智，谭凤，陈艳超，等. 美国提高保障房项目可持续性的策略及启示 [J]. 城市发展研究，2015，22（11）：109-112.

[79] Erickson D J. Community Capitalism：How Housing Advocates，the Private Business Sector，and Government Forged New low-income Housing Policy，1964-1996[D]. University of California，2005.

[80] O'Connor S H. State Mandated Versus Market-based Locations of Affordable Housing：the Impact of State Housing Programs on the Production of Affordable Housing in the United

States[D]. State University of New Jersey, 2011.

[81] Brassil M M. DE Facto Devolution: Affordable Housing in the States[D]. Baltimore Johns Hopkins University, 2001.

[82] CUMMINGS J, DENISE D. The Low-income Housing Tax Credit an Analysis of the First Ten Years[J]. Housing Policy Debate, 1999(10): 251-307.

[83] 马光红, 等. 美国住房保障政策及实施策略研究[J]. 建筑经济, 2006: 75-78.

[84] 李甜, 宋彦, 黄一如. 美国混合住区发展建设模式研究及其启示[J]. 国际城市规划, 2015, 30(5): 83-90.

[85] Collinson R, Ellen I G, Ludwig J. Low-income Housing Policy[R]. NBER Working Papers No.21071, 2015.

[86] 远立. 美国中低收入家庭住宅保障[J]. 中国房地信息, 1997(4): 50-51.

[87] Marc A W. National Housing Policy in the U.S. for the 21st Century?[R/OL]. Prague Institute for Global Urban Development Prague, Czech Republic and Washington DC, 2002. https://globalurban.org/housing_us.htm.

[88] JOHNSON S. Analysis of the United States' Low Income Housing Policy[D]. California University, 2001.

[89] Donnison D, Ungerson C. Housing Policy[M]. London: Penguin Books Ltd, 1982.

[90] MORALES J, Jr. Critical Success Factors for Affordable Housing Development[D]. University of Colorado, 2000.

[91] 郭建波. 世界住房干预理论与实践[M]. 北京: 中国电力出版社, 2007.

[92] BASOLO M V. Housing Policy in the Local Political Economy: Understanding the Support for Affordable Housing Programs in Cities[D]. University of North Carolina, 1997.

[93] 田东海. 住房政策：国际经验借鉴和中国现实选择 [M]. 北京：清华大学出版社，1998.

[94] SINAI T S, WALDFOGEL J. Do Low-income Housing Subsidies Increase Housing Consumption?[D]. NBER Working Papers No.8709, 2002.

[95] 陈杰. 英国住房保障政策的体系、进展与反思 [J]. 中国房地产，2011（4）：53-65.

[96] Fallis G. Progressive Housing Policy in the 21st Century: A Contrarian View[D]. York University, 2010.

[97] 吴立范. 英美住房政策比较 [M]. 北京：经济科学出版社，2009.

[98] 陈正兰. 英国住房福利政策研究 [J]. 社会，2003（7）：12-16.

[99] Moulton S R. Essays on Housing Policy and Community Development[D]. University of Nortre Dame, 2011.

[100] 凌维慈. 公法视野下的住房保障：以日本为研究对象 [M]. 上海：上海三联书店，2010.

[101] 赵光瑞，李虹颖. 日本高速增长时期的公共住房政策及启示 [J]. 经济纵横，2011（7）：93-96.

[102] 吴东航. 日本公共租赁住宅的建设和管理经验 [J]. 中国住宅设施，2012（5）：8-14.

[103] 日本国土交通省. 日本住宅建設計画法及び住宅建設5年計画 [EB/OL]. http：//www.mlit.go.jp/jutakukentiku/house/singi/

syakaishihon/bunkakai/4seidobukai/4seido4-7.pdf.

[104] 杨华.中国保障性住房融资模式探讨:以日本经验为借鉴[J].财政研究,2013(10):77-80.

[105] 日本金融支援机构.住宅金融支援機構について[EB/OL].https://www.jhf.go.jp/about/index.html.

[106] 日本国家统计局.平成20年住宅・土地統計調査住宅数概数集計結果の要約[EB/OL].http://www.stat.go.jp/data/jyutaku/2008/pdf/g_youyaku.pdf.

[107] 日本国土交通省.国土交通白書2012[R/OL].http://www.mlit.go.jp/hakusyo/milt/h24/index.html.

[108] 林文洁,周燕珉.日本公营住宅给中国廉租住房的启示:以日本新潟市市营住宅为例[J].世界建筑,2008(2):28-33.

[109] 日本UR都市机构.URでPonta[EB/OL].https://www.ur-net.go.jp/chintai/ur-ponta/.

[110] 日本都市再生组织机构.都市再生事業実施基準の概要[EB/OL].https://www.ur-net.go.jp/produce/lrmhph0000000ua7-att/lrmhph00000013gq.pdf.

[111] 潘小娟,吕洪业.外国住房保障制度研究[M].北京:国家行政学院出版社,2014.

[112] 谢福泉,黄俊晖.日本住宅金融公库的改革及其启示[J].亚太经济,2013(2):81-86.

[113] 中国社会科学院金融研究所.日本政策性住宅金融的演进与启示[J].房地产论坛,2011(5).

[114] 日本住宅金融支援机构.当機構の組織概要および経営理念など、組織全般の情報をご案内いたします[EB/OL].https://www.jhf.go.jp/about/organization/.

[115] 邓宁华. 城市住房政策失灵: 巴西的历程及其启示 [J]. 社会保障研究. 2013（01）.

[116] 刘佳燕.1940 年代以来巴西公共住房政策发展评析和启示 [J]. 国际城市规划, 2012（4）: 43-49.

[117] Fernanda L, Claudio A, Jr, Matthew F. Scaling-up Affordable Housing Supply in Brazil: The "My House My Life" Programme[M/OL]. Nairobi: UN-Habitat, 2013. https: //unhabitat. org/scaling-up-affordable-housing-supply-in-brazil.

[118] Perola W. Institutional Aspects of HousingProduction in Brazil（1964-2004）[R/OL]. South Africa: Pretoria, 2005. http: // hdl.handle.net/2263/10333.

[119] Tiwari P. Development Paradigms for Urban Housing in BRICS Countries[M/OL]. London: Palgrave Macmillan, 2016: 21-56. https: //link.springer.com/chapter/10.1057/978-1-137-44610-7_2.

[120] 杜悦. 巴西治理贫民窟的基本做法 [J]. 拉丁美洲研究, 2008（1）: 59-63.

[121] Cid B, Jr. Slums in Brazil: A Challenge for the National Social Housing System[EB/OL]. http: //www.hdm.lth.se/fileadmin/ hdm/alumni/papers/SDD_2009_242a/Cid_Blanco_-_Brazil.pdf.

[122] 联合国人居署. 贫民窟的挑战: 全球人类住区报告 2003 [M]. 于静, 斯淙曜, 程鸿, 译. 北京: 中国建筑工业出版社, 2006.

[123] Fernanda M, Patricia A R, Fernanda L, Roberto M. Slum Upgrading and Housing Latin America[M/OL]. UN-Habitat, 2016. https: //publications.iadb.org/en/publication/12558/slum-upgrading-and-housing-latin-america.

[124] 陈艳鑫. 巴西里约热内卢 Favela-Bairro 贫民窟改造项目

[J]. 人类居住, 2014(2).

[125] 徐勤贤, 窦红. 巴西政府对城市低收入阶层住房改造的做法和启示 [J]. 城市发展研究, 2010(9): 121-126.

[126] João d R L, Jr. Housing Finance Mechanisms in Brazil, [M/OL].Nairobi: UN-Habitat, 2010: 21-37. https://unhabitat.org/housing-finance-mechanisms-in-brazil.

[127] 潘小娟, 吕洪业. 外国住房保障制度研究 [M]. 北京: 国家行政学院出版社, 2014.

[128] Fernanda M, Francesco d V. Slum Upgrading Lessons Learned from Brazil[M/OL]. Nairobi: UN-Habitat, 2012. https://publications.iadb.org/publications/english/document/Slum-Upgrading-Lessons-Learned-from-Brazil.pdf.

[129] 达席尔瓦. 零饥饿计划: 巴西的经验 [M]. 北京: 中国农业科学技术出版社, 2014.

[130] 联合国人权署. 全球化世界中的城市: 全球人类住区报告 2001[M]. 司然, 译. 北京: 中国建筑工业出版社, 2004.